NOTICE

SUR

PAUL LELIÈVRE

PARIS. — TYPOGRAPHIE DE CH. MEYRUEIS

13, RUE CUJAS

L. BERT, phot., Nimes.

PAUL LELIÈVRE

1843 - 1866

NOTICE

SUR

PAUL LELIÈVRE

ACCOMPAGNÉE DE QUELQUES DÉTAILS
SUR LA FIN DE SA SOEUR, MORTE QUATRE MOIS AVANT LUI.

PAR

Matth. LELIÈVRE

PASTEUR

Dans la vie
ils s'aimaient et s'agréaient l'un à l'autre
dans la mort ils ne furent point séparés.
2 Sam. 1, 23.

—◦○❦○◦—

PARIS

LIBRAIRIE ÉVANGÉLIQUE

4, RUE ROQUÉPINE, BOULEVARD MALESHERBES

—

1868

Les amis de notre cher Paul ont pensé qu'un simple récit de sa courte vie et de sa fin triomphante pourrait offrir quelque intérêt. En déférant à ce vœu, je n'oublie pas ce qu'une pareille tâche a de délicat et de difficile, pour moi surtout. Dans des souvenirs de cette nature, il est malaisé à un frère de savoir où mettre la limite entre ce qui doit se dire et ce qu'il vaut mieux omettre. J'ai plus d'une fois fait taire mes scrupules, en me disant que ce petit écrit n'est pas destiné au grand public, mais à un public ami et sympathique. Il rappellera à la famille et aux amis de Paul ce que fut ce jeune homme qu'ils aimèrent, et il montrera à ceux qui ne l'ont pas connu avec quelle sérénité un jeune chrétien peut mourir, lorsqu'il fait reposer sur Christ seul toute sa confiance. Les morts chrétiennes ne sont pas rares, grâces à Dieu, mais il y a toujours dans un pareil spectacle quelque chose de profondément édifiant.

Je n'aurai pas perdu mon temps en recueillant ces souvenirs, si leur lecture donne à quelque jeune homme ou à quelque jeune fille le désir d'aimer et de servir ce Jésus qui fut la joie de la vie de Paul et de Loïs et leur espérance dans la mort.

M. L.

Codognan (Gard), 9 mars 1868.

NOTICE

sur

PAUL LELIÈVRE

I

Paul Lelièvre naquit à Bourdeaux (Drôme), le 15 septembre 1843. Enfant d'un fidèle ministre de l'Evangile, il se trouva placé, dès ses premières années, sous l'influence des principes chrétiens qui étaient l'âme de la prédication et de la vie de son père. Ce digne pasteur, qui se repose maintenant auprès de Dieu des labeurs d'un long ministère, avait compris que pour « bien gouverner l'Eglise de Dieu, » comme dit saint Paul, le serviteur de Christ doit savoir « bien gouverner sa propre famille [1]. » Aussi, non content d'avoir consacré ses enfants au Seigneur, même avant leur naissance, il s'efforçait de leur inculquer, de bonne heure, cette conviction qu'ils ne s'appartenaient pas à eux-mêmes, mais à Dieu et à son Eglise. Que de fois ne l'avons-nous pas

[1] 1 Tim. III, 4, 5.

1

entendu nous dire, avec des larmes dans les yeux,
qu'il eût préféré nous conduire tous au tombeau, dès
notre bas âge, que de nous voir vivre dans l'oubli
de Dieu ! Et avec quelle ardeur il priait pour sa famille ! avec quelle persévérance, il « commandait »
à ses enfants, à l'exemple d'Abraham, de garder la
voie de l'Eternel [1] ! Il ne manifesta jamais, à ma connaissance, le moindre doute au sujet de leur salut ;
sa foi en la fidélité de Dieu était à cet égard d'une
simplicité touchante et d'une force inébranlable ;
elle était bien cette « certitude des choses qu'on ne
voit point [2], » dont parle l'Ecriture. Dieu récom-
pensa la foi de son serviteur, et, avant de quitter la
terre, il eut la joie de voir tous ses enfants enrôlés
sous la bannière du Sauveur.

Elevé dans une atmosphère chrétienne, notre cher
Paul fut préservé d'une foule de tentations auxquelles
d'autres sont exposés. Comme tout enfant d'Adam,
il fit l'expérience du péché, mais son éducation
chrétienne lui épargna les graves chutes auxquelles
d'autres succombent. Il en résulta que le réveil de
la conscience ne put pas avoir chez lui ce caractère
brusque et tragique qu'il revêt chez ceux qui passent
d'une vie ouvertement mondaine à la vie de la foi ;
l'illumination de son âme ne fut pas subite, mais
progressive. Le sentiment douloureux de la culpa-
bilité, le malaise infini que produit dans l'âme la
contemplation de la loi violée, la conviction écra-

[1] Gen. XVIII, 19.
[2] Hébr. XI, 1.

sante de l'impuissance pour le bien, tous ces éléments essentiels de la conversion, il les expérimenta, mais sans secousses violentes, et avec cette simplicité touchante que les enfants portent dans les choses de la foi et qui n'exclut ni le sérieux ni la profondeur.

A peine arrivé à la claire perception de ses besoins religieux, Paul eut l'inappréciable avantage de se trouver jeté au milieu de l'un de ces réveils, pendant lesquels la vie de l'Eglise semble suivre une marche accélérée et acquérir une puissance extraordinaire. Ce beau réveil de la Drôme éclata simultanément sur divers points du département, et partout se produisirent de nombreuses conversions. Bourdeaux fut l'un des centres les plus bénis de ce magnifique mouvement, et notre cher père eut la joie de compter plusieurs de ses enfants parmi les nouveaux convertis : Paul fut l'un d'eux; quoique âgé de neuf ans seulement, il se consacra à Dieu, avec cette foi naïve qui est le privilége de l'enfant, et que Jésus lui-même a offerte à l'imitation de tous les âges.

A partir de ce moment, il se réunissait pour la prière avec ses camarades, et il apportait dans ces petites réunions tout l'entrain de son caractère naturellement ardent. Bien des fois dès lors, ses prières enfantines furent en édification, non-seulement aux enfants de son âge, mais même aux adultes qui l'entendaient.

On aurait tort de se représenter Paul comme

désormais arraché aux plaisirs et aux idées de son
âge et affectant une gravité d'homme fait. Il demeura au contraire enfant dans toute la force du
terme, et traversa cet âge heureux de la vie, en
cueillant toutes les douces fleurs que la main de
Dieu y a semées. D'un caractère enjoué et gai, il
demeura même enfant plus longtemps que beaucoup
d'autres. Son exemple prouve, comme tant d'autres,
que la piété, loin de jeter un voile sur les grâces
aimables de l'enfance, ne sert qu'à leur donner plus
de relief; l'âme alors n'a pas encore appris à se
contraindre, et la piété acceptée à cet âge s'har-
monise plus complétement peut-être avec la vie naturelle. N'est-ce pas Jésus qui a déclaré que « le
royaume des cieux est pour ceux qui leur ressemblent [1] ? »

L'enfance de Paul se partagea entre la vie du collége et celle de la famille, celle-ci correctif salutaire
de celle-là, et l'une et l'autre nécessaires à la for-
mation du caractère et de l'individualité. Grâce à
une sensibilité exquise et à une ouverture de cœur
remarquable, il fut exposé à bien des tentations,
au milieu de camarades légers et quelquefois cor-
rompus; si ses qualités et son amabilité lui faisaient
beaucoup d'amis, ces sympathies elles-mêmes pouvaient devenir parfois des dangers. Recherché par
tous comme un excellent camarade, il avait à se
mettre en garde contre cette influence même de

[1] Matth. XIX, 14.

l'amitié, à laquelle son cœur aimant l'eût disposé à céder. Dans cette voie semée d'écueils, il put broncher bien des fois, — et il savait s'en humilier devant Dieu, — mais il fut préservé de renier le Maître auquel, de si bonne heure, il avait consacré sa vie. Sa piété n'avait rien de farouche ni d'intolérant; c'était un parfum qui s'exhalait sans effort autour de lui. Elle ne manquait d'ailleurs ni de fermeté ni de fidélité, et plus d'une fois il sut défendre chaleureusement la cause de sa foi et de son Maître, sans craindre l'opprobre auquel il s'exposait.

Ayant eu le privilége de pouvoir poursuivre ses études jusqu'à sa seizième année sans s'éloigner de ses parents, Paul put ainsi trouver dans la vie de famille le complément utile de l'existence desséchante du collége. Les exemples de piété que lui donnaient ses parents et en particulier les prières et les conseils de son père lui furent une sauvegarde et un refuge tout à la fois. Dans ce sanctuaire béni, il sentait sa foi se retremper, il prenait d'énergiques résolutions et renouvelait sa consécration à Dieu.

Lorsqu'à quinze ans, il quitta la maison paternelle pour aller poursuivre ses études au lycée de Nîmes, il trouva une nouvelle famille chez les collègues de son père, M. Gallienne d'abord, puis M. Guiton. Il put ainsi continuer ses études sans cesser de subir l'influence d'un milieu chrétien.

Ses lettres de cette époque sont remplies de détails sur ses travaux. On y voit le zèle et l'entrain qu'il y apportait, et les succès encourageants qu'il obtenait en récompense de son travail. D'une intelligence vive qui s'appropriait promptement les choses, il apprenait facilement et bien, sans avoir besoin d'une grande somme de travail, que son tempérament intellectuel et sa santé physique ne comportaient pas d'ailleurs. Il réussissait surtout dans les exercices qui mettaient en jeu les facultés imaginatives qui, chez lui, avaient une fraîcheur et une puissance remarquables.

Sa correspondance avec ses frères contenait aussi d'intéressantes révélations sur son état spirituel, en dépit de cette réserve qui fait que l'adolescent ose à peine ouvrir la bouche sur ces sujets, surtout devant ses parents. J'ai sous les yeux un curieux exemple de cette retenue qui, plus d'une fois, dut arrêter les confidences sur les lèvres de Paul. A l'âge de quatorze ans, il m'écrivait de Marseille, et, après m'avoir décrit, dans un style humoristique, le lycée de cette ville et les études qu'il y poursuivait, il renonçait brusquement à l'usage du français et achevait sa lettre en latin. Dans cette portion intitulée *particularis pars secretissima* (partie privée et très-secrète), il abordait le sujet de son expérience religieuse et de ses perspectives d'avenir, et me disait, à ce dernier égard, en latin de collégien : *Nondum vocationem legi. Tamen magna cupido est mihi vos sequendum in sancta via. Omnes me ad illud jubent.* « Je n'ai pas encore fait choix d'une vocation. Néanmoins, j'ai un grand désir de vous suivre (ses frères) dans la voie sainte (du ministère). Tous m'y exhortent. »

Ses lettres de Nîmes indiquent des progrès spiri-
tuels notables; on sent que l'horizon de son âme
s'élargit. Les pensées sérieuses se pressent sous sa
plume; en terminant l'année 1858, il « se sent af-
fecté par cette année de plus passée, par cet escalier
de moins à descendre pour arriver au tombeau. »
Le 18 mars 1859, il revient sur ce sujet d'une vocation, qui déjà le préoccupait sérieusement.

« Tu me demandes de te parler un peu des sentiments que j'éprouve au sujet de ma vocation. Depuis
que je suis à Nîmes, et surtout depuis le mois de
janvier, je me suis demandé ce que je voulais, ce
que je me sentais appelé à faire. Le 22 janvier, j'en
ai fait un sujet de prières, et j'ai senti depuis lors un
goût très-prononcé pour le ministère de Christ. Je
m'y voyais appelé à la fois comme à un devoir et
comme à un privilége. Je suis tout prêt, si le Seigneur m'y appelle, à jeter loin mes filets et à le
suivre. »

Le 19 novembre de la même année, il revient sur
ce sujet qui faisait l'aliment de ses secrètes médita-
tions :

« Je suis bien dans mon âme, et, à part quelquefois de terribles tentations, je suis placé sous les bras
de l'Eternel. Je sens chaque jour naître dans mon
cœur de plus vifs désirs de me rendre utile dans la
vigne du Seigneur. Ma vocation commence à se
montrer à moi d'une manière évidente; si elle m'apparaît encore quelquefois comme enveloppée de
nuages, ces nuées se dissipent peu à peu, et un

horizon pur et clair se montre dans le lointain.

« Mais j'éprouve le besoin, avant d'embrasser cette sainte carrière, de jouir pour quelque temps du repos de la famille, de vivre dans cette douce atmosphère du foyer paternel, et d'écouter les conseils de ce père chéri, que Dieu (je le lui demande) peut me conserver pour mon bien et mon bonheur. Hors de chez soi, il est rare que l'on puisse trouver le calme et le sérieux dont on a besoin pour aborder une telle carrière, et pour s'enrôler sous les nobles drapeaux de ce général sans pareil qui ne reçoit à son service que des cœurs forts et vaillants. Donne-moi des conseils, cher Matthieu ; enseigne-moi ce que je dois faire, et surtout prie pour moi. »

Le jeune collégien avait, on le voit, de très-sérieuses préoccupations. Dieu le mûrissait de bonne heure pour son œuvre.

Je trouve dans ses papiers quelques vers de cette époque qui lui furent inspirés par la mort de l'un de ses camarades. Ils portent la date du 20 mai 1859 :

A LA MORT.

O Mort, fallait-il donc que ton cruel caprice
    Fit un tel vide dans nos rangs,
Qu'il enlevât soudain du milieu de la lice
    Un des plus nobles combattants !
Il n'avait pas encore atteint l'adolescence,
    Et tu l'accables de tes coups ;
Tu l'étends rudement sur un lit de souffrance,
    Et l'ôtes du milieu de nous.

Je ne te comprends plus, Mort cruelle et terrible ;
   Pourquoi n'épargner pas l'enfant?
Pourquoi couper ainsi de ta faux inflexible
   Le faible épi de blé naissant?
— Silence, a dit la Mort, Dieu lui donna la vie,
   Et vient de la lui retirer.
Qu'en tout ce que Dieu fait ta voix le magnifie,
   Et qu'elle apprenne à l'adorer.
Dieu l'avait d'un seul mot tiré de la poussière,
   Et poussière il redeviendra :
Il l'avait fait de poudre et façonné de terre,
   A la terre il retournera.

Ces vers d'un enfant de quinze ans, outre une facture aisée, ont une inspiration bien juste, et dénotent une âme sérieuse et aimante tout à la fois.

Je trouve dans une autre lettre de cette même année 1859 un mot que l'on me permettra de citer, parce qu'il s'y rattache un rapprochement qui s'impose vivement à mon esprit. J'étais sur le point d'aller occuper le poste de Bourdeaux, où la conférence de 1859 m'avait appelé. Paul m'écrit une lettre de félicitations dans laquelle il passe en revue quelques-uns des souvenirs que devront me rappeler ces lieux témoins de notre enfance. « Tu reverras, me dit-il entre autres choses, le fameux Porte-Neuve,

   Où sous le gazon se repose
   Une fleur à peine éclose,
   Et qui ne fleurit qu'un seul jour. »

Il faisait allusion à ce petit cimetière de la famille René, où reposaient depuis peu les restes de Marie

1*

René, l'une des meilleures amies de notre enfance.
Mais il ne se doutait guère, le cher enfant, que,
quelques années plus tard, il viendrait occuper une
place à côté d'elle sous ce tertre verdoyant, et que
lui aussi serait

> Cette fleur à peine éclose
> Et qui ne fleurit qu'un seul jour.

L'année 1860 devait être importante, à divers
égards, pour notre cher Paul. Ses études classiques
touchaient à leur terme, et le moment approchait
où il lui faudrait prendre une décision par rapport
au choix d'une vocation. Cette grosse affaire le
préoccupait vivement, et l'incertitude de l'avenir
amenait chez lui, par moments, des pensées de tristesse. Son caractère, quoique enjoué et plein d'é-
lan, n'était pourtant pas étranger à la mélancolie ;
son extrême sensibilité le rendait très-accessible aux
émotions les plus diverses. S'il savait jouir avec
abandon et reconnaissance, il savait aussi souffrir et
pleurer. « Ne crois pas que mon horizon ne s'as-
sombrisse jamais, et que mon ciel soit toujours serein, m'écrivait-il le 16 mars. Quand je suis triste,
je pense à ma famille, et quelquefois il me semble
que je n'en ai plus. »

Le 5 juillet, il me disait : « Depuis ton départ, j'ai
eu des moments de mélancolie. Samedi surtout,
après que je t'eus conduit au chemin de fer, je fus
très-impressionné, soit par ton départ, soit par mes
examens si rapprochés. Je me livrai à mes sanglots,

Heureusement, je pus prier, et Dieu me consola. Aujourd'hui encore, je suis bien triste.»

Le succès vint dissiper les craintes que Paul avait conçues au sujet de ses examens, et en novembre il obtenait son diplôme de bachelier devant la faculté des lettres de Paris.

Plusieurs mois auparavant, il avait obéi à la voix de sa conscience et aux conseils de ses amis, en consentant à prendre occasionnellement la parole dans le culte. Son premier essai de prédication se fit dans le village de Saint-Mamert, en février 1860, et, depuis ce moment, il présida quelques petites réunions dans les villages des environs de Nîmes, autant que le lui permirent ses études. L'assemblée trimestrielle du circuit de Nîmes le reçut prédicateur local, au mois de juillet de la même année. Voici en quels termes il me faisait part de cette nouvelle :

« Parlons maintenant d'autre chose ; ce que je viens de dire est bien sérieux, mais il y a encore du plus sérieux. Jeudi dernier, j'ai été à Congénies, et là, devant l'assemblée des prédicateurs, j'ai passé mes examens de prédicateur local. J'avais pour examinateurs MM. Guiton, Dugand, Laporte, Bertin et Nicolle. J'ai été reçu à l'unanimité et mis au rang des prédicateurs locaux sous épreuve. Le soir, en présence d'une nombreuse assemblée et des pasteurs du circuit, j'ai pris la parole sur : « C'est moi, n'ayez « point de peur. » J'ai été bien béni. Me voilà donc engagé sous les drapeaux d'un bon Maître, que j'espère servir jusqu'à la fin. Puisse le Seigneur me montrer toujours plus la voie où je dois marcher ! »

Pendant une tournée dans les Alpes, que je fis au mois de septembre, Paul vint me remplacer à Bourdeaux, et sa prédication simple et ardente fit un bien réel dans mon Eglise ; il avait su gagner la confiance et l'affection des membres du troupeau par sa piété vivante et par son aimable caractère. Sa timidité s'effrayait pourtant de la grandeur de la tâche que je lui avais confiée, et il m'écrivait pour me supplier de l'en décharger au plus tôt : « Je sens que tu aurais besoin d'être là, me disait-il dans une lettre, pour soigner ta paroisse, car je suis un serviteur de Dieu si indigne et si misérable pour une aussi grande tâche. Mon âme est d'ailleurs heureuse en Dieu, et sa loi m'est agréable. Voilà mon expérience de ce jour. Que ce soit aussi la tienne ! »

II

Paul termina l'année 1860 à Jersey, auprès de son père et de sa mère. Il jouit beaucoup des deux mois qu'il passa dans le doux nid de la famille. Les entretiens qu'il eut avec son cher père qui se mûrissait alors pour le ciel, laissèrent une trace profonde dans son âme et affermirent chez lui ce sentiment de la vocation que nous avons vu déjà si vivace. Le ministère évangélique lui paraissait toutefois une carrière trop sérieuse et trop redoutable pour être abordée à la légère, et, avant de prendre une décision définitive, il se résolut à aller passer quelque temps en Angleterre. Ce séjour devait d'ailleurs lui être fort utile pour perfectionner sa connaissance de la langue anglaise.

Ce fut dans le courant de février qu'il arriva à Keighley, petite ville du Yorkshire, où il devait être, pendant une année, professeur de français. Cette année fut pour lui, à beaucoup d'égards, un temps d'épreuve. Son caractère doux et pacifique eut de la peine à s'habituer aux allures bruyantes de ses élèves anglais. La différence d'âge entre eux et lui n'était pas si grande qu'elle dût lui conférer un ascen-

dant incontesté; et il eut à légitimer son autorité
devant eux avant de la voir acceptée et respectée.
Le milieu où il se trouvait jeté différait d'ailleurs
immensément de ceux où s'était formée son âme,
et il se sentit un peu dépaysé dans ces régions du
Nord, où certains caractères semblaient glacés ou
brumeux comme le climat. Pendant les premiers
mois de son séjour, il passa bien des journées som-
bres dans lesquelles il dut lutter contre le découragement.

« Oh! que cette vie est triste, m'écrivait-il quelques semaines après son arrivée. Mon Dieu, par-
donne-le-moi, mais je désire parfois mourir pour
être plus vite au ciel. Je crains de ne pouvoir pas
rester longtemps ici. Oh! mon frère, je crois que je
mourrai ici, si cela continue. Dans ce moment mes
yeux sont pleins de larmes. Personne pour m'aimer! personne pour me consoler! »

Ce sentiment amer de solitude et d'abandon qui
perce dans les premières lettres de Paul est bientôt
dominé par la confiance en Dieu. L'épreuve jette
le pauvre solitaire dans les bras du Seigneur, dont
les consolations abondent au moment du besoin. La
lettre la plus mélancolique et la plus désolée que
nous ayons de lui est aussi celle où s'affirme avec le
plus de certitude son inaltérable foi.

« Le bon dans tout ceci, c'est que j'aime Dieu
maintenant de tout mon cœur; je n'ai jamais été si
bien avec Dieu que je le suis. Il me soutient, il me
donne fermeté et patience. Il est mon ami, mon ami

intime ; je ne vis plus que de lui. Que cette situation : être l'ami de Dieu, est belle, même au sein des souffrances ! »

« Ma piété, m'écrivait-il peu de jours après, ma piété, je le dis avec bonheur, s'est accrue durant ces temps d'épreuve. J'ai pu prier Dieu de tout mon cœur et l'aimer tout à fait. Il m'a béni et m'a soutenu d'une manière merveilleuse. Que son saint nom soit béni ! »

Si les difficultés de diverse nature que rencontrait Paul en Angleterre servaient à fortifier sa piété, elles avaient aussi pour résultat d'affermir en lui le sentiment de sa vocation.

« Bien que ma position comme professeur devienne chaque jour plus facile, écrit-il le 7 mai à l'une de ses sœurs, je vois clairement que je ne suis pas appelé à cette carrière-là. De plus en plus le besoin d'annoncer la Parole de Dieu se fait sentir en moi, pressant, puissant ; et cependant chaque jour je demande à Dieu la sagesse de ne pas regarder la chaire de vérité comme la tribune de l'orateur, mais comme le moyen d'arracher des pécheurs à la mort éternelle. Il doit être parfois bien difficile de ne pas se servir de la chaire pour s'étaler soi-même. Ah ! j'espère que jamais je ne ferai passer ma réputation avant mon Dieu. »

Le 3 juin, ayant appris que la santé de l'un de ses frères était affaiblie, il écrivait à ses parents. « Ah ! qu'il est heureux de s'affaiblir pour une telle cause ! Quant à moi, on m'a assez dit que ce serait me tuer que de me mettre jeune à l'œuvre de soldat de Christ, mais il me serait plus doux de périr l'arme à la main que d'attendre que mon bras soit faible ou moins vigoureux pour la saisir. »

Le lendemain, 4 juin, il écrivait ce qui suit à l'une de ses sœurs :

« Le soir, quand la nuit est venue, quand le silence règne ici, je me glisse dans un de nos prés ou dans un petit bois, et, en français, je prie le Dieu d'Abraham, d'Isaac, de Jacob et de mon père. J'ai alors, mais alors seulement, quelques instants de joie et de recueillement. Parfois, quand je suis seul ainsi dans le bois ou au sommet du pré, je me sens si près du ciel qu'il me semble que ma dernière heure est arrivée, et je m'écrie alors, plein d'enthousiasme : « Eternel, prends-moi! » Je ne crains pas la mort ; je ne l'ai jamais crainte, depuis un an ou deux. Il me semble si naturel, ce passage du monde des douleurs au monde des délices. Je vis alors sans vivre ; mon âme s'élève dans les régions célestes. Je jouis alors plus que jamais de la présence de Dieu ; je me sens à la fois puissant et faible.

« Je me suis tellement habitué, depuis plusieurs mois, à l'idée de servir mon Dieu comme prédicateur de son Evangile, que mes relations avec lui sont tout autres ; le nom qu'il porte pour moi n'est plus le Terrible, mais l'Adorable, le Sauveur.

« Ces idées te surprennent un peu, n'est-ce pas? Mais, chère sœur, elles sont parties de mon âme, sans que je songeasse à les arrêter. C'est, du reste, à vous seuls, chers parents, que je puis faire confidence de mes pensées les plus secrètes.

« J'ai donc, chère sœur, accepté la croix de Christ ; j'ai renoncé définitivement au monde et à ses vanités et j'ai promis ma vie au service de Christ. Que Dieu me donne talents, force, éloquence, tout lui sera consacré. C'est du moins ma prière et mon vœu le plus fervent. »

Cette piété de notre cher Paul, que l'épreuve avait retrempée, exhalait autour de lui un parfum pénétrant. Il savait mettre à profit les occasions qui s'offraient à lui de faire le bien, et prenait vivement à cœur le salut de ses élèves. Voici, emprunté à l'une de ses lettres, un incident qui se produisit dans cette vie de pension, nécessairement un peu monotone.

« Il y a eu une semaine hier que, dans une promenade que nous fîmes sur les bords des cascades voisines de la ville, un de nos garçons tomba d'une hauteur d'à peu près soixante pieds sur les rocs et vint rouler à mes pieds dans le fond du torrent. Je le relevai avec l'aide d'un de mes élèves, je le lavai, je le pansai à la tête et enfin je le poussai et l'aidai à sortir du ravin. Il était bien faible, et, depuis ce moment, il a été tantôt mieux, tantôt mal. Hier soir, le directeur entra dans le dortoir et se mit à exhorter cet élève qui a seize ans ; il lui montra le danger de sa situation, et lui parla de ses péchés. Lorsqu'il l'eut laissé, je m'approchai de lui, je lui lus la Bible et continuai à lui parler. Il se mit alors à pleurer et me demanda de prier pour lui. Je priai en anglais,

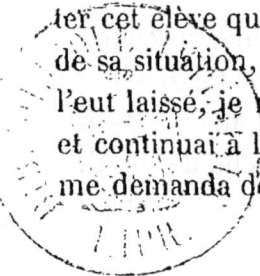

tant bien que mal. Au bout de quelques moments, il put confesser que Dieu lui pardonnait ses péchés. Il se mit alors à prier lui-même pour rendre grâce à Dieu, et il me dit ensuite qu'il croyait fermement que, s'il mourait, il irait au ciel. Je bénis Dieu pour cela et je lui demande qu'il lui donne la force de garder la foi jusqu'à la fin. »

Cet incident encouragea sa foi et affermit chez lui le sentiment de l'appel de Dieu à une œuvre plus élevée que celle qu'il accomplissait en Angleterre. La France lui paraissait toujours le champ de travail qui lui était assigné.

« Pendant tout ce temps-ci, j'ai été bien heureux, écrivait-il le même jour à un autre correspondant; et, pourvu que la suite réponde au présent, tout ira bien. Si Dieu m'appelle à la fin de cette année à aller en France, je suivrai ses directions et j'y irai. Là je ne me trouverai plus exilé loin de ceux que j'aime; j'y rencontrerai plusieurs membres de ma famille, des amis en masse; j'y trouverai du mouvement, de l'exercice corporel et moral. Tous les prédicateurs méthodistes sont mes amis; ils m'aiment et je les aime. Ils sont tous autant de pères ou de frères pour moi, et ils m'ont promis de saluer avec bonheur le jour où j'entrerai dans leur corps.

« J'ose presque dire que c'est une direction de Dieu qui a poussé M. G... à m'écrire. Le diable avait commencé à me dire qu'après tout, ma vie de professeur serait bien meilleure que celle de prédicateur de l'Evangile, exposé sans cesse à la neige ou

à la pluie. Après un an ou deux, je pourrais connaître à fond l'anglais et l'allemand, avoir pris en
amitié la position de professeur, et me dire : Ce
travail-ci sera bien moins fatigant que d'aller prêcher l'Evangile au milieu des gens simples de la
France.

« Mais Dieu m'appelle, j'en suis sûr. Il m'en a
donné un sceau hier soir dans le bien qu'il a opéré
dans le cœur de ce pauvre garçon. »

A une amie chrétienne il écrit le 9 août :

« Dieu est là, vivant dans mon âme ; je l'aime et
il m'aime. Son regard de père me suit, et mon regard essaye de s'attacher sur lui. C'est lui qui console ;
il est ma lumière et mon salut. Oh ! combien faible
pourtant est encore l'éclat de ce rayon céleste qui
se réfléchit dans mon âme. Ah ! c'est que le miroir
de mon cœur est terni, et jusqu'à ce qu'il soit en-
tièrement poli, impossible qu'il réfléchisse pure-
ment les rayons qui lui arrivent.

« Le dimanche vient ; je me demande si ma place
est ici à ne rien faire pour mon Dieu, à ne pas travailler pour sa cause. Non, elle n'y est pas, ma
conscience me le dit. Et où est-elle ? Dieu le sait.
Mais cinq mois passeront encore, et si je ne suis
pas dans l'éternité, mes ailes s'ouvriront et je m'en-
volerai, cherchant un endroit où je puisse poser mon
pied.

« Ah ! quand poserons-nous nos pieds sur les
parvis sacrés de la nouvelle Jérusalem ? Quand goûte-
rons-nous cet indicible repos accordé à qui aura

aimé l'avénement de Christ? O Dieu, quand sera-ce ? Alors, sœur en Christ, nous nous souviendrons de cette amitié d'ici-bas et nous la continuerons dans le ciel. »

Bien que les premières difficultés que Paul avait rencontrées sur son chemin eussent disparu, on peut dire que la vie de professeur n'avait pour lui que des charmes médiocres, et que du côté de la France se tournaient ses pensées et ses aspirations. Il subissait l'attraction de cette œuvre qu'il aimait, et il brûlait de s'y employer, comme si un secret pressentiment l'eût averti que ses jours en ce monde étaient comptés et qu'il fallait « racheter le temps. »

Cette vocation si claire et si irrésistible, il eut bientôt l'occasion de l'affirmer dans une occasion bien solennelle. Notre vénéré père se mourait à Jersey, usé par les fatigues d'un long et fidèle ministère. Dans les derniers jours de la première quinzaine de septembre 1861, Paul reçoit une lettre qui lui apprend que la maladie est entrée subitement dans une crise décisive et que son père est mourant. Aussitôt il écrit à sa sœur pour lui exprimer la douleur qui le domine, et il ajoute :

« Si cela peut être une consolation pour ce cher père dans un tel moment, dis-lui que son plus jeune fils n'a qu'un désir, qui est de l'imiter dans la carrière chrétienne où il a marché. Ma seule pensée est de faire le bien et de vivre éternellement au service de Dieu.

« Annoncer Dieu à la France, voilà mon unique désir. »

Paul pensait avec raison que ce serait une grande joie pour ce cher père, qui rendait son âme à Dieu après avoir consacré sa vie à évangéliser la France, d'apprendre que la décision arrêtée de son plus jeune fils était de se vouer à cette même œuvre, dans laquelle les deux autres étaient déjà engagés.

Nous aimons à citer ici quelques extraits qui montrent avec quels sentiments Paul accueillit la nouvelle de la mort de son père :

« Bien-aimée mère, sœur chérie,

« C'est fini, dis-tu, ma sœur. Notre père est parti pour ce monde des esprits que nous ne connaissons pas, mais qu'il connaît ; il est allé recevoir cette couronne pour laquelle il avait combattu, et ce trône pour lequel il avait lutté. Dieu en soit béni mille fois, ses peines, ses luttes sont finies, et il attend dans la paix le jour de la résurrection.

« C'est fini, dis-tu ! Oui, dans un sens. C'est commencé, dans un autre ! Son corps, il est vrai, a disparu pour toujours du milieu de nous, mais son esprit est avec nous ; soyons tous dignes de ce manteau angélique qu'il a jeté sur nous, au moment de s'envoler dans les cieux.

« Il a passé, il est vrai ; mais ses œuvres restent, sa semence reste, les centaines d'âmes amenées par son moyen sont là ou au ciel, pour témoigner que son œuvre n'a pas été inutile sur cette terre.

« Chère mère, ma douleur, tu peux le penser,
a été bien vive, alors que j'ai vu notre perte. Mon
cœur a été déchiré par la souffrance. Ce n'est pas
étonnant, je l'aimais tant. Tout d'abord, cela m'a
semblé un rêve, un cauchemar affreux ; mais la réa-
lité m'est apparue soudainement, et alors mon cœur
a débordé, mes yeux ont été noyés dans les larmes ;
mais Dieu m'a soutenu dans le moment de la tristesse et de l'angoisse... Maman, te voilà veuve, mais
ne te désole pas. Tu as deux filles et trois fils, et pas
un d'eux ne t'abandonnera. Ils auront le plaisir d'être
bénis par Dieu et contemplés par leur père dans l'accomplissement de ce devoir sacré. Maman, ne pleure
pas. Je prie pour toi, et la dernière goutte de mon
sang sera pour ma mère. »

A sa sœur Loïs, placée comme lui dans une pension en Angleterre et avec laquelle il entretenait
une correspondance très-active, il écrivait sur le
même sujet :

« Pour moi, le coup a été instantané, terrible, vu
que je n'y étais pas préparé. Mais quand j'eus pleuré
un certain temps, je sentis que mon devoir, après
avoir regardé l'épreuve sous son côté affreux, était
de la considérer sous son côté réjouissant. Papa
souffrait des tortures, et soudain Jésus les a termi-
nées pour toujours. Jésus a vu que notre père avait
assez vécu, assez souffert, assez combattu, et soudain ses luttes ont cessé.

« Notre père n'est plus mortel ; il est ange, et il
attend en paix le jour de la résurrection. Il s'est en-

dormi pour se réveiller au milieu des esprits purs. Que ce réveil a dû être beau et solennel! Il est doux de savoir que nous avons maintenant dans les cieux un avant-coureur qui nous attend. Vivons pour le rejoindre. Le temps s'envole. *La mort sera bientôt là pour chacun de nous.* Soyons prêts. »

Il disait vrai, le cher Paul, et plus vrai qu'il ne pensait. La mort devait être bientôt là pour *eux*. La sœur à laquelle il écrivait et lui-même devaient être les premiers à rejoindre auprès du Seigneur notre bien-aimé père défunt.

« Papa a eu le plaisir de voir ses deux fils aînés engagés dans l'œuvre sublime à laquelle il a consacré lui-même son existence, écrivait-il encore à sa sœur. Dieu ne l'a pas laissé pour voir ses *trois* fils suivre son exemple ; mais pensons que peut-être il nous voit du haut du ciel et contemple du sein des « nuées de témoins » notre course dans l'arène, notre lutte dans la mêlée.

« Je sens de plus en plus que si Dieu me donne la force physique et la santé spirituelle, mon devoir est d'annoncer la Parole de mon Maître à mes compatriotes et de servir mon Dieu en pureté de cœur et de vie. »

Quelque impatience que Paul ressentit au sujet de la France, il s'était décidé à passer encore dans son poste en Angleterre les six premiers mois de 1862, lorsqu'une altération grave survenue dans sa santé l'obligea à y renoncer. Le climat du Yorkshire, joint à un surcroît excessif de travail, avait ébranlé sérieusement sa constitution. Le médecin qu'il consulta lui déclara qu'il était menacé d'une consomption, s'il n'interrompait au plus tôt les travaux fatigants du professorat et ne cherchait un climat plus tempéré.

III

Les quatre mois que Paul passa à Jersey (décembre 1861 à mars 1862) parurent avoir le meilleur effet sur sa santé; l'affection et les soins de la famille lui rendirent son courage et sa gaieté ordinaires, et, quand il arriva à Bourdeaux à la fin de mars, il semblait avoir retrouvé sa santé normale.

Recommandé chaleureusement par l'assemblée trimestrielle de la Drôme à la conférence méthodiste de 1862, Paul fut placé comme étudiant auprès de M. le pasteur Guiton, de Nîmes. Mais une recrudescence de faiblesse dans sa santé l'empêcha de se rendre aussitôt dans cette ville, où son temps devait se répartir entre l'étude et l'évangélisation. Les variations constantes que subit sa santé pendant cette année furent pour lui une grande épreuve; il gémissait en se voyant incapable de se lancer dans l'œuvre qu'il aimait tant.

« Je me trouve mieux ces temps-ci, écrivait-il le 30 août à l'une de ses sœurs; mais je ne me fie guère à ce mieux; ma maladie est une de celles dont on ne se guérit presque jamais. As-tu jamais vu brûler un morceau d'amadou? Eh bien! comme ce feu qui,

2

lorsqu'on croit l'avoir éteint, brûle encore secrète-
ment et reparaît de nouveau, ainsi la maladie qui
me poursuit, lorsqu'elle semble se retirer, ne fait
que se cacher pour reparaître encore. Je puis traîner
longtemps ce mal après moi et vivre comme s'il était
parti; mais il reparaîtra toujours, et au moment où
on l'attendra le moins. Ah! chère sœur, prie pour
moi, afin que ma foi ne défaille point et que je sois
fort au moment de la lutte. »

« Si j'étais athée, écrivait-il quelques jours plus
tard, je dirais que la Fortune a jeté sur mon chemin bien des obstacles et m'a tendu bien des filets,
dans lesquels je tombe sans cesse et dont j'essaye en
vain de me dégager. Mais je suis chrétien, et je me
dis: C'est Dieu qui veut que je boive à la coupe des
épreuves et des douleurs. »

Après avoir passé l'été à Bourdeaux chez l'un de
ses frères, Paul passa son hiver à Congénies (Gard)
chez l'autre, prêchant de temps en temps, lorsque
ses forces le lui permettaient, à la grande édification
des Eglises dont il était déjà le favori. Quelques
études théologiques et autres l'occupèrent aussi pendant cette période. Il trouva également le temps,
pendant les longues soirées d'hiver, de préparer un
volume d'anecdotes religieuses que la Société de
Toulouse accueillit favorablement et qu'elle a publié.

Cette année de demi-réclusion ne fut pas sans influence sur la vie intérieure de mon frère. Il se con-
vainquit de la nécessité de racheter le temps et de

travailler dans le présent, sans trop compter sur un avenir qui semblait bien précaire. Le découragement, dont sa correspondance nous offre quelques preuves, ne s'établissait pas à demeure fixe chez lui ; ce qui surnageait dans son âme, c'était toujours un optimisme confiant, inspiré par une foi simple.

Ce fut avec joie qu'il salua le retour des beaux jours et de la santé (santé relative, il est vrai), qui lui permettaient d'aller occuper le poste où l'avait appelé la conférence. A la fin de mars 1863, il allait s'installer à Nîmes. Nous ne nous étendrons pas longuement sur le travail qu'il y fit pendant les quelques mois qu'y dura son séjour. Il y poursuivit ses études avec courage, et s'y livra à des travaux d'évangélisation qui ne furent pas sans succès. Il jouissait avec reconnaissance de la mesure de santé qu'il avait retrouvée et en faisait bon usage pour l'œuvre sainte qui lui tenait à cœur.

« Ma santé est assez bonne, écrivait-il en juin 1863, à sa sœur Loïs, ce qui n'empêche pas que parfois j'aie bien de la peine à me tenir debout et à accomplir les devoirs de ma position. Remercions cependant le Seigneur pour ses nombreuses bénédictions et pour la mesure de santé qu'il m'accorde. Ne me permet-il pas en effet de faire des choses que j'aurais cru longtemps ne pouvoir jamais faire ? Ne me permet-il pas de prêcher à des auditoires de deux cents personnes sans *trop* de fatigues ? Ne me rend-il pas capable de le faire jusqu'à deux fois par dimanche assez souvent ? Qui l'eût cru, alors que, par deux fois, la maladie s'était jetée sur l'organe qui presque seul est en activité dans ma position actuelle? Personne sans doute; pas même moi peut-être. Admirons, chère Loïs, les voies de la Providence, et écrions-nous avec l'Apôtre : *Le juste vivra de sa foi.* »

Abordant plus loin dans cette même lettre un sujet qui tenait de près à ses plus secrètes préoccupations, il ajoute : « Oh! que l'espérance est une belle chose! que de parfums dans cette fleur! Chateaubriand a pu dire que c'est une fleur qui ne s'épanouit jamais; pour moi, je suis satisfait des parfums qu'elle m'apporte, et décidément je préfère un beau bouton de rose à une rose épanouie. Si l'espérance s'épanouissait, elle ferait bientôt comme la fleur : elle s'effeuillerait, tomberait à terre et sécherait. En restant bouton, elle nous reste plus longtemps, et elle donne à notre âme la jouissance anticipée de cet aliment incomparable qu'on appelle l'avenir. Le pauvre espère, le proscrit espère, le malheureux espère, le forçat lui-même dans ses chaînes espère, et toutes ces espérances se concentrent dans ce seul mot : l'avenir. Demain! un jour! voilà tout autant d'amis mystérieux qui donnent aux hommes la main et qui leur crient : Courage! courage! le malheur n'est pas votre destinée éternelle; après la tristesse, la joie; après les larmes, le sourire; après la terre, le ciel. »

Dans une autre lettre, il dit quelques mots de ses expériences de prédicateur :

« Il est quelquefois bien difficile de prêcher ici

avec la chaleur étouffante qui comprime le cerveau et semble défier la pensée d'en sortir jamais. Parfois il me semble, en entrant en chaire, que je ne pourrai réussir à m'exprimer comme je le désirerais; souvent ma supposition se réalise; mais d'autres fois ma pensée brise ses chaînes et prend son essor.

« Pour parler franchement, la position du prédicateur est souvent pénible et embarrassante. Il est des vérités sur les lèvres qu'on ne veut pas, qu'on n'ose pas exprimer; il est des vérités dans le cœur que les lèvres ne peuvent pas même balbutier. Mon sermon en public est d'ordinaire un jet de mon expérience; si mon expérience est sombre et triste, il sera sombre et triste; si elle est gaie et heureuse, il portera l'empreinte de cette gaieté et de ce bonheur. »

Au mois d'octobre, Paul dut aller occuper le poste de Congénies, laissé vacant par son frère aîné dont la santé affaiblie réclamait une année de repos. Il se trouvait inopinément appelé à voler de ses propres ailes et à porter le poids de la direction d'une Eglise importante. Cette responsabilité qui allait peser sur lui l'effrayait, lorsqu'il songeait à sa jeunesse et à son inexpérience; néanmoins, il se mit à l'œuvre avec courage en comptant sur le Seigneur. Les nombreuses âmes que sa parole édifia et que sa piété encouragea, diraient encore, au besoin, quelle impression profonde laissa dans la contrée ce court ministère.

Son caractère lui gagna l'affection de tous. Il pos-

2*

sédait, à un rare degré, cet ensemble de qualités qui font l'homme aimable. Il savait attirer à lui ceux qui l'approchaient, et cela sans effort et par la seule influence de son heureuse nature. Pour lui, être connu c'était être aimé. Cet accueil empressé qu'il trouvait partout, il en jouissait très-certainement avec abandon et reconnaissance, mais il savait surtout en tirer parti pour la gloire de son Maître. Dans le caractère de ce jeune homme à la santé frêle, ce que l'on admirait surtout, c'étaient les qualités solides du ministre de Jésus-Christ. Il était impossible de ne pas se sentir touché en voyant l'ardeur avec laquelle il se consacrait à sa sainte œuvre, trop peu soucieux sans doute des intérêts d'une santé compromise, mais dévoré du zèle de la maison de Dieu.

Ses talents de prédicateur s'étaient rapidement développés par l'étude et par l'exercice. Doué d'une belle imagination, il excellait surtout à donner à ses idées le relief et la couleur de la vie. Sa prédication, dans ses bons moments, avait ce brillant qui séduit les esprits et cette chaleur qui les entraîne. S'il ne savait pas creuser une idée pour en tirer tout ce qu'elle renfermait, il savait du moins la rendre vivante. Ne possédant ni le loisir ni la santé nécessaires aux longues préparations, il improvisait la forme de ses prédications, après en avoir sérieusement médité la matière; il avait donc toutes les inégalités de l'improvisation, et il n'était pas toujours aussi heureux dans ses efforts pour bien faire; mais il avait, d'autre part, les avantages de cette forme de prédication, lorsqu'elle a à son service une intelligence vive et de remarquables facultés imaginatives. Nous l'avons entendu quelquefois prêcher avec une puissance extraordinaire, et plus d'une fois, lors de ses examens annuels, il étonna ses collègues par un déploiement inattendu de talents qu'on ne lui connaissait pas. Il réussissait surtout dans les appels, auxquels il savait donner une énergie saisissante.

Ces dons, qui se développèrent rapidement pendant son séjour à Nîmes et à Congénies, lui attirèrent, dans nos Eglises du Midi, une certaine popularité. Les chapelles étaient souvent insuffisantes lorsqu'il devait prêcher, et bien des personnes qui se tenaient habituellement en dehors de l'action de la piété, venaient entendre avec empressement ce jeune homme dont la parole véhémente contrastait avec le corps débile d'où elle sortait. Dans certaines localités que nous pourrions nommer, cet empressement eut un caractère exceptionnel, et c'est encore avec émotion que l'on y parle des prédications de M. Paul, comme on l'appelait.

Il se jetait avec toute l'ardeur de son âme dans ce saint travail de la prédication. Une fois lancé, il oubliait que ses poumons réclamaient des ménagements. « J'aime le mouvement, écrivait-il à sa sœur Loïs ; seulement je me tue par le volume de voix excessif que je déploie dans mes prédications. C'est là mon grand défaut. Espérons que le temps sera mon médecin, et qu'il me guérira de ces mauvaises habitudes. J'essuyai une bonne grondée à ce sujet de la part de mes collègues devant qui je prêchai le jour de Noël; ils ont peur que je ne me tue. »

Il sentait, on le voit, la nécessité de se modérer, d'autant plus que les grandes excitations de la chaire avaient presque toujours un contre-coup fâcheux sur son état. « Je suis parfois bien près de succomber sous la fatigue, disait-il en janvier 1864. Quand j'ai prêché trois fois le dimanche, d'une voix forte et excitée, il m'arrive bien souvent de ressembler à ces cavaliers que le choc de l'ennemi a terrassés, sans les tuer, et qui ne se relèvent qu'après plusieurs heures d'étourdissement. Notre vocation est pleine de fatigues et d'émotions; et on aurait besoin pour y résister d'avoir l'âme, la tête et la poitrine d'acier. »

Paul eut dans le Midi autre chose qu'un succès de popularité : il eut la joie de voir les vérités qu'il prêchait acceptées par plusieurs âmes; des conversions intéressantes vinrent récompenser et encourager les travaux de ce jeune soldat de Christ. Ce mouvement se manifesta surtout parmi la jeunesse, qui l'entourait avec amour.

L'affection et le dévouement de ses amis fut sur le point de se manifester d'une manière bien touchante. Son âge le soumettait à la loi de la conscription militaire, et le numéro qui lui était échu au sort était mauvais. Quelques amis, ne voulant pas laisser à leur cher *missionnaire* l'onéreuse charge de payer lui-même un remplaçant, voulurent prendre sur eux le fardeau tout entier, et ouvrirent entre eux une souscription pour lui fournir la somme nécessaire à son exonération. Toutes les mesures étaient prises, et les promesses de dons affluaient déjà, lorsque la délivrance vint d'un autre côté ; et notre cher Paul fut exempté pour faiblesse de constitution. Cette issue ne diminua en rien sa reconnaissance pour ses bons amis de la Vaunage, et sur son lit de mort il nous parlait encore avec émotion de cette preuve de leur affection.

La conférence de 1864 accorda définitivement à Paul Lelièvre le titre de proposant au saint ministère, et, tenant compte du travail fait par lui durant l'année, la lui compta comme première année de son noviciat de quatre ans. Elle l'appela en outre à occuper le nouveau poste de Crest (Drôme), qui était plus en rapport que Congénies avec ses forces physiques. Il est vrai que cet avantage était contrebalancé par le fait que cette station, étant nouvelle, devait offrir plus de difficultés qu'une station déjà ancienne et où tout était sur un pied régulier.

Avant de le suivre dans son nouveau poste, laissons un de ses amis, M. Emile Farjat, nous raconter les impressions qu'il rapporta d'une visite qu'il lui fit en août 1864 :

« Je le vois encore tel que je le vis, pour la dernière fois, à Congénies, en août 1864, plein d'ardeur, quoique faible et souffrant. C'était une de ces figures douces et sympathiques dont le souvenir ne s'efface pas. Ceux qui l'ont connu ne me démentiront point, j'en suis sûr, quand je dirai que Paul savait gagner tous les cœurs. Tout en lui attirait : son expression, son caractère, ses talents, sa piété tout à la fois profonde et joyeuse, et puis je ne sais quoi de saint et de grand qui captivait.

« Pendant les quelques jours que je passai à Congénies, tandis qu'il y était stationné, j'eus le privilége de le voir fréquemment et j'appris ainsi toujours mieux à le connaître et à l'aimer. Deux ou trois jours avant mon départ, je l'accompagnai à Calvisson où il devait prêcher le soir. A notre arrivée, la chapelle était déjà comble. A grand'peine pûmes-nous nous frayer un passage jusqu'à l'estrade. Il était beau de voir une telle assemblée réunie autour de ce jeune débutant dans la carrière pastorale, et le silence qui régnait dans la salle disait assez le sentiment qui y avait conduit tant d'auditeurs. Quoique relevant à peine d'une grave indisposition, Paul parla avec une force étonnante. Sa parole était sympathique comme son cœur, et, en l'entendant, on comprenait qu'il plaidait la cause de son Père céleste. Après le culte, nous revînmes jusque chez lui au clair de la lune. Plusieurs amis de Congénies, qui étaient allés l'entendre, étaient avec nous. Nous chantâmes joyeusement quelques cantiques du réveil, en nous interrompant de temps à autre pour échanger nos pensées et nous communiquer nos impressions. En passant devant un cimetière, nous nous arrêtâmes un instant pour y jeter un coup d'œil. Il

me demanda si j'aimais les cimetières : « Pour moi,
me dit-il, mon bonheur est de les parcourir le soir
au clair de lune. Que de réflexions ils me suggèrent!
Que de voix dans un champ de repos! »

« Je restai huit jours auprès de lui. Il était faible
de la poitrine, et l'on m'avait assuré qu'il était gravement atteint. Je lui demandai s'il souffrait. Il m'as-
sura que non, ajoutant que le médecin qu'il avait
consulté en dernier lieu l'avait déclaré sain, quoique
faible et disposé à cette maladie. « Tu ne sais pas,
« me dit-il un jour, que j'ai été appelé à Crest. C'est
« un poste que j'aime, mais il y a beaucoup à faire,
« et tant de travail pourrait bien me faire passer *de*
« *l'autre bord*. Au reste, ajouta-t-il, qu'importe! Ce
« sera quand il plaira au Maître! »

« Je lui avais demandé d'écrire quelques vers sur
mon album. Il y traça ces lignes :

J'aime à me voir au pied d'une montagne immense,
      Pour me sentir petit;
J'aime à voir mon néant pour mieux voir la puissance
      De Celui qui me fit.
Et si, mon Dieu, j'osais un jour, malgré ces preuves,
      Ne plus m'en souvenir,
Provoque, s'il le faut, même par des épreuves,
      En moi le repentir.

« Et il ajoutait au bas: « En route pour les cieux! »
« Ces vers, c'est lui! cette force indomptable qui
se préoccupe peu des détails, qui cherche l'idée et
l'exprime aussi énergiquement que possible. Il voulait se *sentir petit :* il aimait que la majesté du monde

lui enseignât sa petitesse, il voulait que sa nature
fragile, son *néant*, comme il l'appelle, lui redit sa
dépendance, et qu'au-dessus de tout cela le Seigneur
fît entendre sa voix, même sa voix la plus sévère,
pour le tenir dans l'humilité! Et pourquoi ce sentiment si profond de sa misère et de son infirmité? Le
mot qu'il place à la suite de ces vers nous le fait
comprendre : « En route pour les cieux ! » Ah ! c'est
que notre ami tenait ses regards fixés là-haut, où
tout est grand, où tout est saint; et la contemplation
des perfections divines et des richesses du ciel lui
faisait bien comprendre la vanité des choses d'ici-
bas [1] ! »

Arrivé à Crest dans les premiers jours d'octobre,
Paul se mit à l'œuvre de tout son cœur. Les chrétiens
de cette ville lui firent le meilleur accueil, et il trouva
chez eux cette sympathie intelligente et dévouée qui
facilite tant la tâche du serviteur de Christ. Appelé à
organiser une œuvre qui jusqu'alors n'avait guère
été qu'un champ d'évangélisation, il fit preuve d'une
prudence et d'un discernement qui ne sont pas ordinaires à son âge. Sans rien précipiter et sans essayer
d'imposer son point de vue, il sut grouper autour
de lui un bon nombre de personnes pieuses et les
amener à se concerter pour faire le bien et pour s'imposer quelques sacrifices. Le zèle et la piété de ce
jeune homme lui assuraient une autorité qui semblait devoir être refusée à son âge; son influence

---

[1] *Évangéliste*, tome XIV (1866), p. 158.

s'exerçait d'autant plus sûrement qu'elle était plus modeste. Au milieu de ses frères et des membres de son troupeau, il ne se posait pas en chef, mais en ami et souvent en disciple.

Ses aptitudes spéciales le poussaient néanmoins de préférence vers l'œuvre de l'évangélisation. Dans la ville même et dans les environs il se créa un champ d'activité étendu. Nous en trouvons la description dans une lettre qu'il adressa, quelques semaines après son arrivée, à l'une de ses enfants en la foi de Congénies, et dont on nous permettra de citer quelques extraits qui nous le montreront sous un jour intéressant.

« Crest, le 19 novembre 1864.

« Chère enfant en notre Seigneur Jésus-Christ,

« Vous trouvez sans doute que je tarde beaucoup à répondre à votre bonne lettre. Vous pensez peut-être que j'oublie mes amis de Congénies. Si vous l'avez cru, je vous engage à cesser de le croire, car je n'ai nulle envie de les oublier, et je n'ai pas non plus envie qu'ils m'oublient. Mais ce qui m'a retardé dans l'accomplissement de ce devoir, ce sont les nombreuses occupations qui sont survenues durant ce mois et m'ont souvent accablé. Depuis que je suis ici, j'ai déjà prêché plus de trente fois, et l'autre jour je calculais que j'avais parcouru autour de mon poste plus de deux cents lieues en voiture. Or, on ne voyage pas sans se fatiguer.

3

« Heureusement que le Seigneur me donne çà et là de précieux encouragements. A Crest en particulier où je réside, nous sommes heureux de voir l'auditoire augmenter tous les jours. J'y prêche trois fois par semaine et quelquefois quatre. Nous devrons changer bientôt de salle de culte, si cette affluence continue. Près de Crest, j'ai un village appelé Eurre, où je vais prêcher tous les quinze jours; c'est dans une cuisine que nous tenons nos réunions, et elle est toute pleine. Sur la route de Die se trouve un village appelé Aouste où je tiens aussi des réunions. Enfin, à dix-huit kilomètres de Crest, j'ai Livron, ville intéressante où j'ai un auditoire de plus de cent personnes, qui semble vouloir grandir encore. Quelquefois aussi, je vais à Montélimar, à quarante kilomètres d'ici environ.

« La moisson, vous le voyez, est grande partout. Mais le Seigneur nous aidera, j'en ai la confiance. Son Saint-Esprit est avec nous. Dans notre dernière réunion du mercredi soir, nous fûmes extrêmement bénis. Quand j'eus fini ma méditation, l'un de nos principaux amis parla et pria, et nous priâmes encore. Nous n'aurions pas voulu nous séparer.

« Le dimanche soir, nous avons quelques prières après le service et nous sommes heureux.

« Mon âme, bénis l'Eternel !

« J'espère, chère enfant, que vous êtes aussi bienheureuse. Priez beaucoup le Seigneur, afin qu'il vous sanctifie tous les jours davantage et vous fasse croître en grâce et en sagesse. Rappelez-vous que l'usage fréquent des moyens de grâce est une garantie pour la piété.

« Que le Seigneur soit avec vous et vous garde! Qu'il fasse luire sa face sur vous et vous soit propice!

« C'est ce que souhaite pour vous celui qui, quoique indigne, a été, de la part du Seigneur, un instrument béni pour le salut de votre âme.

« PAUL LELIÈVRE. »

Il écrivait à une autre personne :

« Nos réunions sont bonnes, grâce à Dieu, — meilleures que je n'osais l'espérer tout d'abord. Il y a des âmes qui ont soif de Dieu. Espérons que le réveil viendra. Faisons plus qu'espérer, croyons; faisons plus que croire, prions, et ne nous lassons pas de prier. »

Ce réveil que Paul demandait à Dieu, il ne vécut pas assez pour le voir éclater; il put cependant en voir les signes précurseurs. Son ministère à Crest fut béni pour plusieurs âmes. S'il prêchait habituellement dans la faiblesse du corps, il puisait dans cette débilité même une énergie d'âme remarquable. Sa parole était empreinte d'une solennité et d'une précision plus grandes que de coutume.

Sa santé continuait à inspirer des inquiétudes à ses amis plus qu'à lui-même. Il est certain qu'il se faisait illusion sur la gravité de son état, espérant toujours que sa jeunesse l'emporterait tôt ou tard dans cette lutte contre la maladie; les médecins malheureusement l'entretenaient dans ces espérances trompeuses, soit qu'ils se méprissent eux-mêmes sur la nature de son mal, soit qu'ils craignissent de l'affliger par leurs révélations. Ainsi confiant en l'avenir, Paul refusait de prendre un repos que ses amis lui conseillaient, et il réussissait même souvent, par son entrain et sa gaieté, à leur faire partager sa confiance. Ce ne fut pas sans peine qu'on le décida à prendre quelques jours de congé, pendant l'été de cette année, et à se rendre aux eaux de Vals.

Au mois d'octobre 1865, il écrivait de nouveau à une jeune fille de Congénies une lettre pleine de conseils affectueux :

« Chère enfant en notre Seigneur,

« J'ai reçu votre lettre qui m'a fait un vif plaisir, en ce qu'elle m'a prouvé que vous marchez toujours dans le bon chemin. Puissiez-vous y marcher constamment, sans jamais vous lasser.

« Mais j'ai appris avec peine que votre frère ne reste pas près de Jésus, mais s'éloigne de lui pour entrer dans le monde. Oh! parlez-lui, montrez-lui le danger qu'il court ; que votre père lui parle ! Il y a peut-être encore moyen de l'arracher au péril qui le menace.

« Je vous ai déjà dit que votre lettre m'a fait plaisir ; je vous le dis encore ; écrivez-moi souvent ; j'aurai toujours du bonheur à savoir que vous marchez dans la piété qui, selon saint Paul, « est utile à « toutes choses, ayant les promesses de la vie pré- « sente et de celle qui est à venir. » Il se peut que parfois je ne puisse pas vous répondre de suite, mais que cela ne vous empêche pas de m'écrire.

« Souvent je pense à Congénies, aux moments heureux que j'y ai passés, et surtout à cette soirée bénie où le Seigneur se rendit à vos prières et vous attira à lui. Je ne l'oublierai pas. Ne l'oubliez pas non plus, et souvenez-vous que la prière est d'une grande efficace. Priez beaucoup, lisez la Parole du Seigneur, et qu'aucun motif ne vous empêche d'assister aux assemblées publiques et particulières. « Soyez zélée, « fervente d'esprit, servant le Seigneur. »

« Tels sont les conseils que vous donne le Seigneur et que je vous recommande.

« Ma santé va assez bien pour le moment, et je continue heureusement l'œuvre que le Seigneur me confie. J'ai à la fois bien des sujets de rendre grâce à Dieu et bien des sujets de le prier. Car, si d'un côté il y a prospérité, de l'autre, il y a découragement. Que Dieu veuille me soutenir et me fortifier, et tout ira bien, j'ose le croire.

« Tous les amis de Congénies sont également sur mon cœur. Saluez-les tous.

« Dites de ma part à votre frère Emmanuel qu'il prenne bien garde à ce qu'il fait et qu'on ne se joue pas de Dieu. Saluez-le pour moi [1].

« Et recevez vous-même l'assurance de mon amitié chrétienne et sincère. »

[1] Le jeune homme auquel s'adressaient ces exhortations revint au Seigneur, et est mort lui-même, il y a peu de mois, dans la paix.

Un mois et demi après avoir écrit cette lettre, Paul fut appelé à assister aux derniers moments de sa sœur Loïs. La vue de cette mort triomphante exerça une influence si grande sur sa piété, et cette mort elle-même fut si édifiante, que nous nous arrêterons un moment à la raconter, avant de reprendre le récit des derniers mois de la vie de notre frère bien-aimé.

IV

Notre chère Loïs, plus âgée que Paul de deux ans et demi, avait été, comme lui, amenée à la jouissance de la paix de Dieu, lors du réveil de la Drôme. Douée d'un caractère grave, elle avait pris de bonne heure la piété au sérieux. Au milieu des incidents assez uniformes d'une vie de jeune fille, elle avait su donner à ses compagnes une haute idée de sa foi religieuse. Appelée, prématurément peut-être, à la vie difficile d'institutrice en Angleterre, elle avait su faire respecter sa piété de tous ceux avec qui elle s'était trouvée en rapport. Si la tournure un peu mélancolique de son caractère lui avait fait trouver, dans cette existence éloignée de la maison paternelle, bien des peines de cœur, la prière et la méditation lui avaient toujours fourni d'abondantes consolations et des forces renouvelées. Habituée de bonne heure à une vie intérieure intense, elle aimait à se rendre un compte rigoureux à elle-même des phases diverses de sa vie religieuse. Elle jetait volontiers sur le papier les confidences de son âme, et les fragments de son journal que j'ai sous les yeux montrent avec quelle fidélité elle pratiquait cet examen de soi-même : on y sent à chaque ligne une conscience scrupuleuse et une foi naïve. Ce qui frappe surtout dans ces pages comme dans beaucoup de ses lettres, c'est la persistance avec laquelle la pensée de la mort y revient; c'était là pour notre sœur une idée aimée et vers laquelle le courant de ses sentiments la ramenait souvent et sans effort.

Ces demi-pressentiments reçurent, à nos yeux, un commencement de confirmation lorsque nous la vîmes revenir d'Angleterre, en juin 1864, affaiblie et amaigrie par les premiers symptômes d'une maladie de poitrine. Je ne raconterai pas ici par quelles alternatives diverses elle passa, tantôt souffrante et nous inspirant de vives inquiétudes, tantôt renaissant à la vie et nous faisant espérer un prompt rétablissement. Ces oscillations et les émotions diverses qui les accompagnent sont connues de ceux qui ont soigné des poitrinaires.

Voici ce qu'elle écrivait dans son journal, le 1er janvier 1865 :

« Le service de longue veille a été l'un des meilleurs auxquels j'ai assisté. Je me suis sentie bénie et décidée à renouveler mon alliance avec Dieu. Pendant les cinq minutes qui ont précédé le commencement de l'année 1865, je me suis consacrée par la prière secrète à mon Dieu pour toujours. Oui, mon Dieu, je veux vivre à ton service pour faire ta volonté comme elle est faite dans les cieux. Aide-moi à garder fidèlement mon engagement, afin que je sois prête à aller avec toi, *si tu me rappelles dans le courant de l'année.* »

Cette année qu'elle commençait avec nous dans la prière, notre chère Loïs devait aller la finir dans le ciel ; et nous ne nous doutions guère, en lui faisant sous notre toit nos vœux de nouvelle année, que nous serions appelés aussi, quelques mois plus tard, à abriter sous notre toit ses derniers moments.

Les soins vigilants de sa mère et les chaleurs de l'été parurent lui rendre quelques forces, mais elle se faisait peu d'illusions sur son état, et sa correspondance en est la preuve. Quelques extraits de ses lettres de cette période à son amie, Mademoiselle Emilie Reynaud, feront mieux connaître que tout ce je pourrais dire, les dispositions habituelles de son âme.

« J'ai tant de plaisir à vous écrire quelques lignes, lui écrivait-elle un jour. Je remercie Dieu de ce qu'il m'accorde ces jouissances de l'amitié chrétienne qui sont si douces, qui font tant de bien à mon cœur. Vous désirez savoir aujourd'hui des nouvelles de ma santé. Je crains de vous attrister, chère amie, mais il faut bien que je vous dise que je me sens plus faible et plus souffrante qu'à l'ordinaire. J'ai beaucoup toussé cette nuit, et ma poitrine s'en ressent. Une maladie dont je n'espère pas guérir m'enlève peu à peu mes forces. Que Dieu fasse de moi ce qui lui semblera bon ! Je suis entre ses mains, je m'y trouve en sûreté ; aussi, je veux tout accepter de sa part avec soumission et même avec joie. S'il juge à propos de me retirer de ce monde, de me séparer de ceux que j'aime tant, je sais que cette séparation ne sera tout au plus que pour quelques années. L'éternité, le ciel, voilà notre patrie ! Priez pour votre pauvre Loïs. Demandez au Seigneur qu'il la prépare pour tout ce qu'il lui plaira de lui envoyer et qu'il la tienne bien près de lui. »

Quelques semaines plus tard, elle écrivait :

« Je n'ai pu aller vous voir aujourd'hui, mais je veux causer un peu avec vous. Quelle belle soirée, amie ! Le ciel est rayonnant d'étoiles, la lune semble me sourire. Puisse la journée de notre vie terrestre se terminer ainsi, pleine de calme, de lumière et de sérénité ! Je jouis tout particulièrement de ces instants, où le crépuscule imprime à tout dans la nature un cachet de solennité et de recueillement. N'est-ce pas qu'alors vous vous sentez aussi mieux disposée à la prière et à la méditation des choses célestes? Après le thé, je suis restée longtemps seule dans ma petite chambre, et j'ai passé là dans une communion intime avec mon Dieu une de ces heures de paix et de bonheur, auprès desquelles toutes les délices de ce monde ne sont absolument rien. J'ai demandé à ce tendre Sauveur de répandre sur ceux que j'aime ses plus précieuses bénédictions. J'ai pensé à ce jour si beau qui nous réunira dans le royaume de notre Père, et j'ai senti un avant-goût de ces joies ineffables et glorieuses. Oh ! il me serait meilleur de déloger pour être avec Christ ; mais que la volonté de Celui qui tient notre vie dans ses mains soit faite ! »

Le 29 septembre, elle écrivait encore :

« Je ne dois pas retourner à Crest, mon amie. Si le Seigneur le permet, j'irai passer l'hiver à Codognan, auprès de mon frère Matthieu qui doit y arriver au commencement d'octobre. Ah ! comme tout nous dit que ce monde n'est pas notre habitation permanente, que nous sommes des étrangers et des voyageurs sur la terre ! Ce soir, en jouant sur le piano l'air de votre cantique favori : « C'est dans la paix que tu dois vivre, » je me suis sentie inondée de bonheur. Mon esprit, qui est uni au vôtre par des liens bien doux, était en communion intime avec les choses invisibles qui sont éternelles ; et la pensée que nous chanterons ensemble dans le ciel le cantique de l'Agneau m'a remplie de consolation et de joie. Je ne suis pas mieux ; il me semble que mon état prend une tournure sérieuse. Mais pardon de vous entretenir toujours de mes misères. Priez pour votre affectionnée Loïs. [1] »

[1] Elle écrivait à Paul, le 14 septembre : « La pensée que l'on se souvient de moi m'est si douce ; elle m'aide à supporter la maladie et tout ce que celle-ci amène avec elle. Ne m'oublie pas, cher frère, dans tes prières particulières. Le 16 (anniversaire de la mort de notre père) approche, nous ne pouvons l'oublier ; à chaque anniversaire de ce jour, nous pouvons dire : Une année de moins sur cette terre ! une année qui nous rapproche du moment où nous irons le rejoindre dans le saint lieu. Soyons fidèles jusqu'à la mort. » Trois mois après avoir écrit ces lignes, Loïs s'en était allée rejoindre auprès de Dieu notre bon père, et quatre mois plus tard Paul lui-même nous quittait.

Comme Loïs l'annonçait à son amie dans la lettre que nous venons de citer, elle vint nous trouver au commencement de l'automne dans notre nouveau poste de Codognan. Nous espérions que nos soins fraternels compléteraient une convalescence qui nous semblait déjà avancée, et nous nous promettions de faire tout ce qui dépend de l'homme pour lui rendre la santé. Mais le Seigneur lui avait préparé une meilleure demeure que celle que notre affection lui offrait. Hélas! à peine installée auprès de nous, elle entra dans une période de rapide affaiblissement. La bronchite chronique qu'elle traînait depuis longtemps prit un caractère grave, et se compliqua d'une débilitation de tout le système qui ne tarda pas à nous inquiéter.

Voici en quels termes elle communiquait à son amie ses impressions et son état, après son arrivée à Codognan:

« J'ai pris la résolution d'être à l'avenir plus sérieuse. Mon caractère est loin d'avoir cette tournure calme et égale qui convient à une jeune fille chrétienne. Je veux, avec l'aide du Seigneur, travailler à réformer chez moi tout ce qui pourrait nuire à mon avancement spirituel. Je veux que ma consécration à Dieu soit complète, et que tout en moi l'honore désormais.

« Je ne puis vous donner de bien bonnes nouvelles de ma santé. Je suis d'une faiblesse extrême. Un rien me fatigue. Je ne nourris pas l'espérance de me rétablir. Il est possible que je languisse tout l'hiver ; mais je ne puis aller plus loin. Ma tente d'argile est usée. Tout mon désir est d'être prête lorsque mon Maître m'appellera. Oh ! qu'il est doux d'être à son Sauveur et de jouir de sa paix !

« Le temps est délicieux ce soir. Le crépuscule de ces journées d'automne me dit des choses bien solennelles. J'aime à être seule dans ces moments-là, à me recueillir loin du bruit, et à goûter ces joies profondes que l'on puise dans la prière et dans une communion intime avec Dieu. »

Ce ne fut que dans les premiers jours de décembre que la maladie de Loïs prit un caractère décidément alarmant. Elle demeura sur pied jusqu'à ce moment, surmontant, à force de courage, sa faiblesse croissante. Ce courage et l'entrain qu'elle avait dans la conversation, nous faisaient illusion, et lui faisaient peut-être illusion à elle-même. Quelque vifs que fussent, à certaines heures, ses pressentiments de mort prochaine, elle les surmontait et n'avait pas perdu toute foi en la vie ; sans compter sur une longue existence, elle pouvait espérer ne pas tomber de quelque temps encore victime du mal qui la consumait. Aussi ce fut pour elle une épreuve réelle que d'apprendre que le médecin la croyait très-gravement atteinte ; elle se trouvait subitement jetée en face d'une perspective prochaine qu'elle avait crue plus reculée. Il s'opéra alors en elle une de ces crises spirituelles, à la possibilité de laquelle ma faible foi aurait peut-être refusé de croire, si je ne l'avais vue s'accomplir sous mes yeux, et si je n'avais été té-

moin de ses merveilleux effets. En quelques heures
de lutte, ma sœur, profondément pieuse jusqu'alors,
mais d'une piété toute cachée et tout intérieure, at-
teignit à une hauteur de foi et à une limpidité d'expérience chrétienne dont je ne connais pas d'exemple dans le champ de mes observations. Depuis ce
temps, et pendant les derniers jours de sa vie, elle
ne vécut plus que pour Dieu ; elle s'adressait constamment à lui, avec une familiarité sainte, comme un
enfant qui parle à son père ; elle ne voulait plus
s'entretenir que des intérêts de l'âme, et elle le faisait avec une naïveté touchante et avec une étrange
puissance qui remuait le cœur. Les dix derniers
jours de sa vie, nous les passâmes autour de son lit,
dans des entretiens d'une ineffable douceur ; en l'é-
coutant, les larmes nous remplissaient souvent les
yeux ; mais c'étaient des larmes de joie et de reconnaissance pour la félicité parfaite que Dieu accor-
dait déjà à notre Loïs. Quand elle nous parlait, tout
chez elle nous paraissait transformé et participer
déjà à la vie des cieux ; l'expression de sa physiono-
mie, douce toujours, avait revêtu un caractère de
sérénité et de béatitude incomparable ; ses yeux brillaient d'un éclat extraordinaire quand elle nous parlait du ciel ; le timbre de sa voix avait je ne sais quoi
de solennel et de profond ; son intelligence qui, pendant sa vie, ne dépassait pas un niveau assez ordinaire, acquit aussi, dans ce solennel voisinage de la
mort, une énergie concentrée et une grande lucidité.
Elle qui n'avait jamais eu qu'une parole assez ti-

mide, elle sut parler alors avec une force, une
clarté, je dirais même une élégance qui nous sur-
prenaient plus que je ne saurais dire. C'était toujours
elle, et pourtant ce n'était plus elle, avec ces faiblesses et ces timidités que nous lui avions connues. Nous sentions qu'elle était mûre pour le ciel,
et que si Dieu tardait à la recueilllir, c'était pour
que nous pussions profiter de ce ministère de salut
et de foi qu'elle allait remplir auprès de nous. Ces
dernières semaines de sa vie ont été, en effet, un
Thabor perpétuel, d'où nous avons eu de la peine à
redescendre, lorsque l'âme pure et sanctifiée de notre sœur s'est envolée vers le ciel, et d'où nous
avons emporté un rayonnement qui éclairera notre
âme et notre carrière, j'en ai la douce confiance,
jusqu'au jour où nous irons la rejoindre là où l'on ne
pèche plus, et où l'on ne voit plus pécher les autres.

Mais il est temps que je donne ici quelques souvenirs de ces jours solennels, d'après des notes écrites au moment où ces impressions étaient toutes vives encore dans nos esprits.

Voici d'abord quelques lignes écrites par la sœur
de Loïs :

« Ma sœur Loïs avait tellement changé, lorsque
je l'ai revue, que je pouvais à peine me mettre dans
l'esprit que c'était elle que j'avais sous les yeux. Depuis le moment où j'entrai dans sa chambre le samedi matin, jusqu'au jour où elle nous a quittés, il
m'a semblé que c'était un ange à qui Dieu permet-

tait de rester un peu de temps avec nous pour nous faire du bien. Ce sourire permanent et céleste la transfigurait; je n'en ai jamais vu de tel, même sur la figure la plus aimable. O ma sœur, il m'est resté de cette beauté céleste qui rayonnait sur ton visage un souvenir ineffaçable, un souvenir si attrayant qu'il a comme soulevé pour moi un des coins du voile qui cache la patrie promise.

« J'osais à peine la toucher, tant elle me paraissait déjà sainte. Son regard si long, si pénétrant, visitait jusqu'au fond de l'âme. A propos de ce regard, les paroles de Victor Hugo revenaient sans cesse à Paul : « Il en prenait pour une éternité. » Mais non, ce n'était que pour quelques jours; car la vie n'est que d'un jour, puis viendra la réunion.

« Cet amour immense qu'elle répandait sur nous tous me disait qu'elle approchait toujours plus près de la source de l'amour, et en écoutant cette créature angélique me répéter des paroles de tendresse qui me remplissaient le cœur, je sentais, je voyais qu'elle n'était plus d'ici-bas, où notre amour est si mélangé. Ce besoin qu'elle semblait éprouver de dire son amour, de le faire comprendre et sentir, m'initiait à ce que doit être l'amour des cœurs arrivés à la perfection.

« Jamais je n'avais entendu Loïs s'exprimer comme elle le fit pendant les derniers jours de sa vie. Qui pourrait redire tous les conseils qu'elle donna à ses frères, ministres du Seigneur, les exhortant à travailler à la conversion des âmes, et à nous tous sur l'examen quotidien de nous-mêmes, moyen de grâce dont elle avait, nous dit-elle, retiré tant de profit! Puis venaient des questions remarquables, parce qu'elles étaient l'expression d'une conscience scrupuleuse. « Est-ce mal, demandait-« elle à l'un de ses frères, de ne plus lire la Parole « de Dieu? Je n'ai pas pu l'ouvrir depuis deux semai-« nes. » Et cette autre : « Est-ce un péché que de ne « pas être maîtresse de mes pensées dans mes rê-« ves ? » Mais l'Esprit de Dieu l'enseignait lui-même sur tout cela.

« Quand à un moment je lui demandai : « N'y a-t-il « rien que tu regrettes ici-bas? — Quoi, me répon-« dit-elle tout étonnée; regretter quelque chose ! « Oh! non, ma chère. » Alors elle me dit qu'elle avait fait à Dieu le sacrifice de tous ceux qu'elle aimait, en commençant par sa mère; que cela lui avait beaucoup coûté, mais que depuis lors Dieu avait brisé ses liens et séché ses larmes. En effet, elle ne pleurait plus.

« Ne semblait-il pas, lorsqu'elle se recueillait pour la prière, que l'on voyait un de ces esprits bienheureux jetant sa couronne aux pieds de l'Agneau ! L'adoration était si bien peinte sur tous ses traits ! Qui, les ayant entendues, oubliera jamais les prières qu'elle prononça à haute voix !

« O ma sœur, tu m'as laissée seule ici-bas à finir mon pèlerinage, mais ta douce voix m'appelle à regarder en haut! Oui, à l'heure suprême où tes lè-

vres glacées rencontrèrent les miennes pour la dernière fois, elles murmurèrent : « Adieu, ma bien-
« aimée; nous nous retrouverons là-haut! »

L'impression produite par ces scènes augustes
sur notre cher Paul fut tout aussi vive ; on lira avec
intérêt quelques-unes des notes qu'il m'adressa de
Crest, sur ma demande, peu de jours après notre
épreuve; on y verra, dès les premières lignes,
comme un pressentiment qui serre le cœur.

« Il serait tout aussi impossible pour moi de re-
tracer les scènes auxquelles j'ai assisté, que de reproduire la figure extraordinaire de celle qui nous a
quittés ; mon voyage à Codognan est pour moi
comme un rêve dont je me suis réveillé malade. Il
ne m'en est resté que des réminiscences empreintes
d'un cachet surnaturel. Oui, souvent il me revient
de ces souvenirs comme ma mémoire n'en possédait
pas auparavant ; et, en cherchant leur origine, je
les trouve à Codognan, auprès d'un lit de mort.
Alors, je me sens écrasé et je pleure. Plus tard peut-
être, si Dieu me prête vie, je formerai en moi une
image entière de cette mort ; mais, pour le moment,
je n'ai que quelques souvenirs que mes frères pourront rectifier.

« C'était le samedi matin; Eunice et moi nous
venions d'arriver; un instant après nous entrions
dans sa chambre. Elle était bien... je ne dirai pas
changée, mais transformée, notre pauvre malade,
car si la souffrance et l'épuisement avaient amaigri
son visage, la grâce et la foi qui inondaient son âme

avaient embelli ses traits. Le contact de plus en plus intime avec les régions célestes avait donné à Loïs un quelque chose que je n'avais jamais vu et qui la rajeunissait. Oui, elle était transformée ; sur son visage ne se lisait plus l'expression d'autrefois. Quand j'entrai elle me sourit d'un sourire long et concentré, tandis que ses lèvres frissonnaient légèrement au contact d'une prière secrète. Elle semblait déjà si peu de cette terre que j'osais à peine l'embrasser ; mais son baiser ardent me remit.

« ... Elle passa une journée assez tranquille, mais le dimanche matin, vers quatre ou cinq heures, elle fut prise de crises fréquentes et longues. Bientôt elle demanda que l'on fit appeler son frère aîné à Vauvert. Elle pensait un peu que ce serait son dernier jour sur la terre.

— Quel jour est-ce ? demanda-t-elle.

— Dimanche, ma chère, lui dit-on.

— Ah ! poursuivit-elle, je l'ai commencé sur la terre ; peut-être irai-je le finir au ciel. Puis elle se fit lire par l'un de ses frères le chapitre XIV de saint Jean.

« L'après-midi de cette journée fut magnifique. Notre sœur pria à haute voix : « O Dieu, s'écriait-« elle, remplis cette chambre de ta gloire ! » Elle demanda à son frère aîné la lecture de la Passion de notre Seigneur. Puis elle se fit lire un certain nombre de ses cantiques favoris qu'elle désignait elle-même et dont elle s'appliquait les paroles avec un remarquable à-propos. »

Comme ces quelques notes de Paul l'ont dit, Loïs avait espéré que cette journée du dimanche 10 décembre serait sa dernière, mais il ne devait pas en être ainsi. Tout au moins ce devait être son dernier dimanche sur la terre, et jamais dimanche ne nous donna pareil avant-goût des splendeurs et des joies de l'éternel sabbat. L'aiguillon de la douleur subsistait encore sans doute. De temps en temps, surmontée par la faiblesse physique qui était telle que le médecin déclarait souvent que le pouls n'était plus perceptible, elle perdait connaissance, sa respiration devenait haletante et saccadée, et tout son pauvre corps était en proie à une angoisse pénible à voir. Mais à peine sortie de ces crises douloureuses, elle reprenait ses entretiens édifiants avec les membres de sa famille. A certains moments, pendant cette journée, elle nous parla avec une énergie, j'oserais dire avec une éloquence admirables. Je me rappelle surtout un moment où elle exhorta ses frères, tous trois ministres de l'Evangile, à la fidélité chrétienne. « Chers frères, nous dit-elle avec un accent que nous n'oublierons jamais, oh! travaillez à sauver les âmes qui périssent. Je comprends maintenant comme je ne l'ai jamais fait quelle chose terrible ce doit être que de tomber entre les mains du Dieu vivant. »

Le lendemain, lundi, avant-veille de sa mort, demeurera une journée mémorable pour nous. Dans la matinée, elle reçut la visite de M. Emile Cook, à qui elle dit, entre autres choses, avec quelle joie elle allait revoir dans le ciel son vénérable père. Mais ce fut dans la soirée surtout que se passa une scène dont le souvenir nous accompagnera jusqu'à notre mort. Tous les membres de sa famille se trouvaient réunis autour de son lit, et avec eux l'amie intime de notre malade, Mademoiselle Emilie Reynaud, aux souvenirs fidèles de laquelle je dois une relation détaillée de cette heure solennelle.

Comme nous entourions son lit, elle nous dit en souriant : « Je vous prierais bien de chanter un cantique, mais je suis trop faible pour supporter le chant. Il vaut mieux que vous me disiez *tous* quelque chose. Vos paroles d'encouragement me sont si précieuses. »

Alors, l'un après l'autre, chacun de ses parents, désignés successivement par elle, lui fit part en quelques paroles, souvent interrompues par des larmes, de ses émotions, de ses sympathies, de ses vœux ; et nul n'oubliera jamais dans quelle attitude recueillie elle suivait ces paroles et surtout avec quelle onction, quelle clarté, quel à-propos admirable, elle répondait à chacun quelques paroles affectueuses. Rien sans doute ne remplace le regard profond et l'accent ému d'une sœur mourante, et en essayant de déposer de tels souvenirs sur le papier, on ne peut que les refroidir. On voudra bien pourtant me permettre de reproduire quelques-unes de ces paroles, telles que la mémoire fidèle de l'amie que j'ai nommée les a conservées. Si elles sont pour nous d'un prix inestimable, elles montreront à d'autres avec quelle sérénité une âme chrétienne peut briser tous les liens du sang pour répondre à l'appel de Dieu [1].

« Mon ami, dit-elle à son frère aîné qui venait de lui exprimer la joie qu'il ressentait en la voyant si heureuse, je sais que tu t'associes de bon cœur à ce que j'éprouve. Que Dieu te donne d'amener beaucoup de pécheurs à sa connaissance par tes prédications, par tes prières, par tous tes efforts ! Qu'il bénisse ton ministère, ainsi que celui de mes deux autres frères !

Lorsque son deuxième frère eut parlé, elle lui dit :

« Combien je suis indigne de tant d'affection et combien je t'en remercie ! Que le Seigneur t'accorde toutes sortes de joies ! Qu'il te fasse prospérer dans tes divers travaux, dans l'œuvre qu'il t'a confiée en te plaçant à la tête d'une Eglise ; enfin dans tout ce que tu aimes ! »

Paul, assis tout près d'elle, lui dit alors qu'en la voyant si heureuse, il admirait la bonté et la fidélité du Seigneur qui sait réaliser si merveilleusement ses promesses à l'égard des siens. Elle lui répondit :

« Mon cher Paul, Dieu a mis sur tes lèvres les passages de l'Ecriture qui pouvaient le mieux m'encourager. Ces belles déclarations que tu me rap-

---

[1] Je retranche de ces souvenirs tout ce qui a un caractère trop privé, pour n'en conserver que ce qui me paraît de nature à être publié.

pelles sont pour moi comme un baume. Oui, « prends
« garde à l'homme intègre et considère l'homme
« droit, car la fin d'un tel homme est la paix. » Continue à prier pour moi. Je demande au Seigneur
qu'il te garde toi-même et qu'il te remplisse de son
esprit, afin que tu puisses lui gagner beaucoup
d'âmes.. O mes amis, les âmes sont d'un prix immense ! Si je regrette quelque chose en m'en allant,
c'est de n'avoir pas travaillé davantage à en amener
quelques-unes à mon Sauveur. Vous qui restez,
soyez plus fidèles que moi à cet égard. Notre père,
que je vais revoir, en a amené plusieurs à la justice;
aussi il doit briller comme une étoile dans le firmament. »

La femme de son frère aîné se pencha alors vers
elle, et lui dit que la veille, en pensant à elle et en
priant en sa faveur, elle avait été remplie d'une
paix ineffable et qu'elle s'était de nouveau consacrée au Seigneur. La figure de notre chère mourante devint radieuse, et elle dit :

« Quelle douce parole ! Que le Seigneur vous bénisse ! Jésus, Jésus, bénis-la, et fais que tous ensemble, oui, tous ensemble, nous nous donnions de nouveau à toi ! »

Lorsque sa sœur lui eut dit en quelques mots
combien la vue de sa sérénité en face de la mort lui
faisait de bien, et qu'elle ne désirait qu'une chose,
mourir un jour comme elle, Loïs répondit :

« Sois fidèle jusqu'à la mort et tu recevras la
couronne de vie. Ne t'afflige pas sur moi ; je vais

retrouver notre père. Nous vous attendrons là-haut... »

« Et toi, chère mère, reprit-elle, si je pouvais te dire combien je t'aime! Pardonne-moi de ne pas t'avoir donné plus de marques de mon amour. Que je suis heureuse de t'avoir à mes côtés, douce maman! Quelle grâce Dieu m'a faite de te revoir, de revoir tous mes bien-aimés avant de quitter cette terre! »

Puis, regardant autour d'elle d'un air ravi : « Quel beau cercle! quelle délicieuse réunion! Tous ceux que j'aime sont là! J'ai autour de moi toutes ces têtes si chères, tous ces visages si sympathiques, tous ces cœurs qui battent à l'unisson avec le mien. Mon Dieu, que tu es bon de m'accorder tant de faveurs! »

Elle adressa encore quelques paroles affectueuses à son amie Mademoiselle Reynaud, qui clôt elle-même les quelques notes auxquelles nous avons emprunté les détails qui précèdent, par ces paroles si vraies : « Cette chambre de malade était devenue un sanctuaire où la présence de Dieu se manifestait avec puissance, où était descendu un rayon du monde invisible. Chacun y trouvait un avant-goût du festin céleste. C'était le banquet de l'amour fraternel dressé autour d'une jeune fille chrétienne, dont le lit de mort apparaissait comme le seuil de l'éternelle gloire. »

La journée du mardi fut marquée par un affaiblissement croissant; nous nous attendions à tout instant à voir notre sœur nous quitter; mais elle ne

cessait de prier et de nous parler de ses espérances.
La nuit qui suivit, — et ce fut sa dernière ici-bas, —
fut une nuit d'agonie ; à chaque instant, elle perdait
connaissance, et alors sa respiration haletante semblait nous avertir que tout allait finir. La prière seule
la soulageait ; aussi, pendant cette nuit-là, les accents de la prière ne cessèrent, pour ainsi dire, pas
de se faire entendre dans cette chambre où agonisait
notre sœur. Depuis bien des jours déjà, nous en
avions fait le sacrifice, et nous ne demandions plus
à Dieu qu'une chose : qu'il abrégeât ses souffrances
et lui donnât une fin paisible. Notre prière fut
exaucée.

Dans la matinée du mercredi, elle fut calme et
sereine ; ses vives souffrances avaient cessé, et elle
paraissait reprendre un peu à la vie. Mais ce n'était
que la rapide et suprême lueur de la lampe qui va
s'éteindre. Peu après midi, elle se plaignit d'un malaise dans la gorge, et réclama de l'eau chaude ; elle
s'assit sur son séant, et en gargarisa quelques gor-
gées, puis elle replaça sa tête sur l'oreiller. Nous
entourions son lit, comprenant bien que cette calme
énergie qu'elle manifestait dans ses paroles et dans
ses actes n'était que la dernière détente des ressorts
de la vie prêts à s'arrêter.

Elle tomba ensuite dans un état d'assoupissement
dont elle ne sortait par intervalles que pour nous
faire part des pensées qui la suivaient dans le sommeil. Elle croyait voir un chemin où Jésus marchait
devant elle, ou bien une salle de noces. Ces images

4

qui venaient ainsi flotter devant son esprit indiquaient assez de quel côté se dirigeaient ses
pensées.

Vers quatre heures du soir, notre sœur entra dans
cette crise suprême qui sépare les deux vies et que
l'Ecriture appelle « la vallée de l'ombre de la mort. »
Les extrémités se refroidissaient et rien ne parvenait à leur rendre quelque chaleur. Bientôt elle se
plaignit de l'obscurité qui commençait à l'envelopper.

— C'est étrange! nous dit-elle, je ne puis plus y
voir distinctement. Apportez-moi de la lumière,
je vous prie. De la lumière! de la lumière! répéta-t-elle.

— Ma chère Loïs, lui dit son frère aîné, ce
sont les ombres de la mort qui s'avancent, c'est l'éternité qui va s'ouvrir pour toi.

— Pour me faire plaisir, reprit-elle, apportez-
moi une bougie; je voudrais vous voir encore une
fois.

Elle voulait sans doute s'assurer par elle-même si
l'obscurité qui l'enveloppait était celle du soir de la
journée ou bien la suprême obscurité du soir de
la vie.

Dès qu'on eut apporté la bougie, elle nous dit
qu'elle ne la discernait que comme un faible point
lumineux au sein des ténèbres. Cette expérience lui
suffisait.

— Tu ne vois plus, parce que tu appartiens déjà
à l'autre monde, lui dit un de ses frères.

— Quel bonheur! s'écria-t-elle avec une expression d'angélique félicité.

— Tu te réjouis? lui dit-on.

— Oui, répondit-elle, et elle ajouta : « Mon doux Jésus, je suis à toi!... Ce sont les ombres de la mort, mais Jésus est avec moi!...

— Venez tous m'embrasser! nous dit-elle encore, et l'un après l'autre, nous allâmes déposer un suprême baiser sur ces lèvres que l'approche de la mort glaçait déjà, et recevoir le dernier adieu de celle qui, après avoir été pour nous une bonne sœur, nous laissait l'exemple d'une si sainte mort.

A peine Paul, le plus jeune de ses frères, eut-il reçu ce baiser de notre chère mourante, qu'elle inclina sa tête; nous vîmes ses lèvres s'agiter; et nous les entendîmes répéter doucement : « Jésus!... Jésus!... » puis une petite contraction se produisit dans les muscles de la face, et notre ange s'endormit dans les bras de Celui que sa voix mourante appelait encore, parce qu'il avait été l'ami de toute sa vie.

Nous tombâmes à genoux, et une prière d'actions de grâces s'éleva du milieu de nos sanglots. Nous sentions que Dieu était là, et qu'il parlait à nos cœurs.

C'était le 13 décembre 1865, à quatre heures trente-cinq minutes du soir.

Deux jours après, huit jeunes filles vêtues de blanc portèrent les restes de notre Loïs au champ du repos. Sept pasteurs de diverses dénominations, y compris les trois frères de la défunte, prirent successivement la parole pour rendre témoignage à sa piété, et pour donner en exemple à tous cette mort si calme et si sereine.

V

Paul, auquel nous revenons pour ne plus le quitter qu'à la tombe, retourna à Crest, profondément remué par le spectacle admirable qu'il avait eu sous les yeux. On a déjà lu quelques notes qu'il m'adressait sur Loïs, peu après son retour, et on y a remarqué sûrement cette phrase : « Mon voyage à Codognan est pour moi comme un rêve, dont je me suis réveillé malade. »

Malade, il l'était, en effet, et fort gravement. Son état empira même, tandis qu'il assistait avec nous aux derniers moments de sa sœur, et, quelque préoccupés d'elle que nous fussions alors, nous ne pûmes pas ne pas nous en apercevoir. Nous consultâmes un médecin, pendant que nous étions réunis ; mais, comme les autres, il nous berça d'espérances, et nous prescrivit une médication nouvelle qui eût dû amener notre malade à Montpellier. Mais son état prit si rapidement une tournure grave qu'il fallut renoncer à ce projet.

Rentré à Crest, il essaya de reprendre son travail ; mais il ne put prêcher que quatre fois. Sa der-

4*

nière prédication, le mercredi soir, 3 janvier 1866 [1],
l'épuisa complétement, et il revint de la chapelle
dans un état de profond accablement. Il parla dès
lors à sa mère et à sa sœur de la possibilité qu'il
entrevoyait de les quitter pour aller rejoindre sa
sœur Loïs auprès du Seigneur. Effrayées, elles firent
appeler le médecin qui, pour leur relever le moral,
essaya de leur donner une espérance qu'il ne possédait pas lui-même. Le cher Paul ne demandait pas
mieux que d'espérer, et, l'espérance aidant, il passa
assez bien le premier mois de l'année, ne sortant
pas de sa chambre sans doute, mais retrouvant à
certaines heures sa gaieté et son entrain ordinaires.

Mais ce n'était là qu'un répit qui devait être de
bien courte durée, et, dans les premiers jours de février, les nouvelles qui nous parvenaient devinrent
alarmantes. Paul était dans un état d'extrême faiblesse; il avait de nuit des sueurs abondantes qui
l'épuisaient; il se sentait complétement affaissé; et
d'autre part, quelques amis de Crest, mieux placés
que nous-mêmes pour obtenir la vérité de la part
du médecin, assuraient qu'il ne conservait aucun
espoir.

En apprenant ces nouvelles, notre frère aîné
Wesley se rendit immédiatement à Crest, et vit en

---

[1] Le texte de cette dernière prédication fut : « Bienheureux ceux qui sont affligés, car ils seront consolés. » — « A
la suite de cette prédication, disait-il à un ami, moi aussi
je suis tombé dans l'affliction.» Il disait encore : «Ces quatre
prédications que j'ai faites depuis la mort de Loïs ont été
les plus fortes que j'aie faites. »

particulier le médecin, qui lui déclara que la maladie de Paul était la tuberculose ou phthisie, qu'elle était incurable et fort avancée. Cette déclaration si grave, Wesley ne pouvait la garder pour lui et se sentait tenu en conscience à la faire connaître à Paul. Je lui laisse le soin de raconter cette conversation qui allait faire évanouir les dernières illusions de notre cher malade et le pousser dans une voie de complète consécration à Dieu et de parfaite soumission à sa volonté.

« Je viens d'ouvrir mon cœur à Paul dans un tête-à-tête, où je lui ai fait part de ce que le médecin m'a dit. Pendant que je lui parlais d'une voix pleine d'émotion, lui aussi laissa échapper des larmes; je lui demandai si ces communications étaient trop émouvantes pour lui. Il me répondit: « Ce sont seulement mes yeux et mes nerfs qui sont « affectés; l'âme n'est pas émue. Si tu mettais ta « main sur mon cœur, tu verrais qu'il ne bat pas « plus vite qu'à l'ordinaire. » Il ajouta : « Quand j'ai « consulté Dieu au sujet de ma maladie, je ne me « suis jamais senti encouragé à demander de vivre, « mais toujours j'ai été poussé à me préparer. » Après un moment de silence, il me dit encore : « Satan est si méchant! parfois il vient ramener tous « mes péchés passés ; mais je sais qu'ils sont pardon- « nés et que la foi est suffisante pour me sauver. »

A la suite de cette ouverture de cœur, Paul fut plus calme. Pendant cette journée du 10 février qui ouvrait devant lui des perspectives si graves, il s'en

entretint à diverses reprises, avec une sérénité remarquable : « Quand je suis revenu ici après la mort
de Loïs, dit-il à son frère, j'ai eu la conviction que
moi aussi j'allais bientôt mourir, et que Dieu avait
voulu que j'assistasse à cette mort pour me fortifier
et pour me rendre plus sérieux. » — « Quand on a
appris à se connaître, ajouta-t-il peu après, il est
bien dur de se séparer. Mais, comme disait la pauvre
Loïs, ce sera bien court *pour nous.* » Comme son
frère le priait de lui rappeler cette parole de Loïs,
il le fit ainsi : « Elle nous dit un jour : « La sépara-
« tion pourra être un peu longue pour vous qui
« restez ; mais elle sera bien courte *pour nous ; »*
voulant dire notre cher père et elle. »

Les trois jours suivants se passèrent sans incidents
bien remarquables. Il se levait quelques heures encore l'après-midi. « Toutes ses pensées, m'écrivait
W..., se tournent vers le monde à venir. Il ne
cherche pas à se rattacher à la terre ni à l'espoir de
vivre. » Dans la journée du 12, sa sœur lui fit remarquer que son neveu et filleul Théodore, petit
garçon de deux ans et demi, parlait souvent de lui.
« Pauvre garçon ! dit-il, que Dieu le convertisse de
bonne heure ! » Puis, cachant son visage dans ses
mains, il éclata en sanglots.

Paul sentait pourtant que son cœur n'était pas encore pleinement soumis, mais le 14 au soir, il reçut
de grandes grâces, tandis qu'il priait, et, à la suite
de longues luttes intérieures, Dieu le délivra de
toute crainte et inonda son cœur d'amour et de

joie. Parfaitement soumis dès lors à la volonté de Dieu, il étonna ceux qui l'entouraient par la merveilleuse transformation qu'il avait subie dans son être tout entier. Nous revîmes chez lui cette sérénité d'âme, cette activité et cette lucidité d'esprit que nous avions admirées chez Loïs, et qui, chez lui aussi, amenèrent une sorte de transfiguration dans le regard et dans les traits.

Ce même soir, avec une liberté d'esprit remarquable, il voulut prendre avec son frère quelques arrangements à l'égard de sa mort et de ses funérailles. Il lui dicta l'épitaphe qu'il voulait sur sa tombe; il voulait que l'on indiquât simplement son nom et les dates de sa naissance et de sa mort, et que l'on gravât en gros caractères au-dessus de ces indications ces mots: *Ami, prépare-toi à la rencontre de ton Dieu!* afin que de sa tombe pût s'élever toujours une prédication. Il parlait de tout cela sans le moindre embarras et avec une entière liberté d'esprit; on sentait que son parti était pris, et que la volonté de Dieu lui était devenue agréable.

Il voulut dans cette même soirée du 14 février, et sous l'impression des grâces qu'il avait reçues, dicter à son frère trois lettres qui devaient être remises à leurs adresses après sa mort seulement. On lira avec intérêt ces lettres écrites du bord de la tombe et qui feront connaître mieux que tout ce que je pourrais dire dans quelles dispositions d'âme se trouvait alors mon frère.

A ses collègues dans le ministère.

« Bien-aimés frères,

« Une voix qui s'est éteinte résonne quelquefois plus fortement qu'une voix qui vit. Puissent ces échos de la tombe, ensevelis sous les échos du ciel, apporter à chacune de vos âmes la joie abondante dont est rempli votre frère qui s'en va! Chers frères, je m'en vais, tout me le dit, et je m'en vais heureux. Je sens que Christ a rendu mon âme pure; aussi je vais à lui sans crainte. On vous expliquera comment celui qui était en santé au milieu de vous, il n'y a pas longtemps, a été si vite désorganisé. Peut-être quelque jeune homme comme moi en apprendra-t-il à être plus prudent. Mais je n'ai pas à vous expliquer moi-même ces choses. Je préfère vous parler de la nécessité que je sens maintenant d'être toujours fidèle. Chers amis, je serai bientôt parti; avant de vous quitter, je désire ne laisser derrière moi aucun souvenir désagréable, et s'il en existait quelqu'un chez quelque frère, qu'il l'efface et l'ensevelisse sous l'assurance que je meurs bienheureux et purifié de tout péché passé. Chers frères, ma vie a été courte; la vôtre sera plus longue peutêtre; employez-la mieux que je n'ai employé la mienne. Allez partout, et dites au pécheur : « Prépare-toi à la rencontre de ton Dieu! »

« Je vous salue et vous embrasse en Christ ici-bas, en attendant notre réunion là-haut.

  « Votre frère en Christ,

    « Paul Lelièvre. »

A Mademoiselle M. G. à Congénies.

  « Chère enfant en la foi,

 « Je suis sur un lit probablement de mort. Je ne veux pas quitter cette terre sans vous écrire. Je ne croyais guère que je vous voyais à Codognan pour la dernière fois.

 « Chère enfant, je ne vous dis pas : Adieu ; je vous dis : Au revoir ! Oh ! que cette salutation résonne dans votre cœur d'une manière extraordinaire ! Je sais que même un *au revoir* soulèvera des sanglots chez vous ; mais que ces sanglots se taisent et laissent parler la voix puissante et attirante de l'Eternité bienheureuse. Au revoir dans le ciel ! N'y manquez pas, chère enfant, au rendez-vous. Soyez fidèle ; écoutez la voix de Dieu qui vous indiquera toujours le bon chemin. Ne vous abattez pas ; mais reposez-vous sur Celui sur lequel je me repose. Je suis dans une paix parfaite. Cherchez cette paix qui est la grâce d'un cœur pur.

 « Chère amie en Jésus, que vous dirai-je de plus ? Il y en a un autre qui va être avec vous jusqu'à la fin. Soyez donc pleine de courage et de foi.

 « Voilà ce qu'a voulu vous dire votre père en la

foi, si un tel nom peut m'être attribué, tout venant de Christ ; et maintenant je vous dis encore une fois : Au revoir dans le ciel ; mais soyez-y ; n'y manquez pas !

« Mes salutations chrétiennes à vos parents et amis.

« J'espère que votre frère est revenu complétement de son égarement. Avertissez-le de ma part[1].

« Votre ami en Christ,

« PAUL LELIÈVRE. »

A M. Lauriol, à Congénies.

« Cher ami,

« Ma dernière lettre vous disait que j'étais malade. Quand vous recevrez celle-ci, vous saurez déjà que je ne suis plus ici-bas. Le mal a fait des ravages très-rapides dans ma constitution déjà si faible ; et maintenant j'attends tous les jours l'heure du délogement. Ne pleurez pas, car je jouis déjà d'une joie et d'une paix si abondantes que je comprends bien la signification de ces paroles : *Toute larme sera essuyée de leurs yeux !* et que je voudrais que mes amis participassent à cette bénédiction !

« Cher ami, vous m'avez toujours été précieux. Vous m'avez soutenu à l'heure de l'épreuve, et par vos bontés vous avez pris une partie de mon cœur.

[1] Voir plus haut, page 41.

Je vous aime ; aussi, en vous quittant, j'ai voulu vous dicter ces derniers mots d'amitié. Bientôt vous n'en aurez plus besoin ; car vous viendrez là où nous serons. Cher ami, soyez toujours fidèle, et que votre position de prédicateur laïque vous rende l'instrument du salut de beaucoup d'âmes ! Si j'avais la force, cher ami, je vous parlerais longtemps ; mais la nuit commence à venir dans laquelle on ne peut plus travailler. Mes forces sont beaucoup diminuées depuis quelques jours, et jamais je n'aurais pu dicter cette lettre si, depuis quelques instants, le Seigneur, en donnant à mon âme le resplendissement de sa présence entière, ne m'avait donné aussi des forces pour accomplir quelques petits plans d'amitié et d'affaires.

« Cher ami, au revoir dans le ciel ! La même parole à votre épouse, à tous nos amis, Bernard, Doumergue, Farel, Couton, Delord, Fages, Prosper Fourmaud, aux familles Jaulmes, au vieux Monsieur Bénézet, à Marguerit, à Bresson et à tous ceux dont ma mémoire ne retrouve pas les noms.

« Je vous embrasse, cher ami, et vais vous attendre dans l'éternité.

« Votre ami,

« PAUL LELIÈVRE. »

J'arrivai moi-même auprès de Paul dans la matinée du 15 février, et j'écrivais dès le soir même : « Il est heureux et joyeux autant que l'était notre chère Loïs. Il ne voudrait pas revenir à la vie, dit-il, s'il en avait le choix. Il vit en priant; et attend avec bonheur l'arrivée de Jésus qu'il appelle de tous ses vœux. Il est dans un tel état d'âme, qu'il semble placé par Dieu à l'abri de la tentation, et il nous disait ce matin : « Dieu ne permet pas même à Satan d'entrer « dans cette chambre. »

A partir de ce moment, il m'est possible, grâce aux lettres quotidiennes que nous écrivions, mon frère et moi, et grâce aux notes que nous prenions, de donner ici une sorte de journal de sa maladie et de ses expériences chrétiennes. Ces notes écrites sur l'heure auront au moins le mérite d'offrir une reproduction fidèle des péripéties variées qui remplirent ces jours d'épreuve.

16 *février*. — M. Hocquard qui a passé toute la journée d'hier auprès de Paul, est reparti. Il a témoigné une vive affection à notre malade ; sa présence a paru lui faire du bien, et il en a sûrement emporté lui-même. Ce cher collègue était souvent tout en larmes en entendant son jeune frère mourant lui parler de ses espérances et des certitudes de foi. C'est que notre cher Paul est évidemment à l'école du Saint-Esprit, et ceux qui l'entourent s'en aperçoivent. Ses pensées se tournent toutes vers l'éternité; mais il n'a aucun pressentiment direct de mort prochaine. Ses paroles, sa conduite tout entière sont édifiantes. Ses conversations sont pleines de naturel et parfois d'entrain.

17 *février*. — Paul a eu une journée assez bonne et sans crises. Hier soir, lorsque nous l'eûmes levé

pour faire son lit, il eut une faiblesse qui nous fit
craindre un moment que la fin ne fût là. Sa respiration était haletante et très-courte; nous craignions
presque qu'il ne fût suffoqué, et lui-même, lorsque
la crise fut passée, nous dit qu'il eût pu rester dans
cette faiblesse et nous quitter, bien qu'il n'éprouvât
alors aucune souffrance. Il a ajouté : « Cela me
montre que je dois être toujours prêt. » Une fois re-
mis au lit, il parut revenir à son état habituel de
calme. Ce soir, crise analogue. Il nous disait dans
l'intervalle de deux faiblesses : « Quand vous me verrez partir, lors même que je mourrais étouffé, priez,
oh! priez pour moi, priez à grands cris. » A un autre moment, il s'écria : « Oh! si je pouvais faire
quelque bien!» mais il se reprit : « Oh! si Jésus-
Christ pouvait faire quelque bien par mon moyen! »
Puis il nous demanda de lui parler du ciel, et il nous
dit, entre autres choses, que la pensée qui le frappe,
c'est celle-ci : *Le ciel est un repos* ! C'est ainsi qu'il continue à porter ses regards en avant. Il ne veut pas
même qu'on exprime la moindre espérance par
rapport à son rétablissement. Il ne voudrait pas revenir du côté de la vie. Constamment, pendant la
journée, il prie à demi-voix; on sent qu'il vit dans
la communion du Sauveur et qu'il y puise des forces
spirituelles abondantes. Dieu mûrit son âme pour
le ciel, cela est évident. — Il a reçu aujourd'hui la
visite de deux prêtres qui logent dans la maison en
face et qui avaient fait demander la permission de
le voir. Ils lui ont témoigné une vive sympathie ; le

caractère et la piété de Paul paraissent les impressionner profondément. Il leur a fait ses adieux et leur a donné rendez-vous au ciel.

18 février. — La journée a été assez bonne; mais ce soir Paul est décidément plus mal. Il a des crises fréquentes qui l'épuisent. Il vient d'en avoir une pendant laquelle nous avons craint qu'il n'expirât entre nos bras. Lui-même nous dit, lorsqu'elles sont passées, qu'il s'attend à finir dans une de ces faiblesses. La journée a été excellente au point de vue spirituel. Paul conserve une lucidité d'esprit vraiment surprenante, et il nous parle de ses expériences et de sa joie avec une sérénité et une onction qui nous font du bien.

19 février. — Chaque soir, depuis quelques jours, Paul a une crise, et chaque soir elle est plus intense; nous nous attendons à le voir nous quitter dans un de ces moments de terrible oppression. Il ne peut pas alors dire un seul mot, et tout son pauvre corps est agité. Ces crises ressemblent assez à celles qu'avait Loïs pendant les derniers jours de sa vie, sauf qu'elles ne sont pas accompagnées de souffrances proprement dites. Dans l'intervalle il est calme, souvent gai, toujours soumis et plein d'espérance.

Paul a eu ce matin une manifestation éclatante de la part du Seigneur. C'était une sorte d'extase, pendant laquelle son âme débordait, tant elle était remplie de paix et de joie. L'un de ses meilleurs amis, M. Bérard, était venu le voir et avait eu avec lui un entretien intéressant sur l'unique sujet qui occupe désormais notre cher malade. Cette conversation chrétienne a paru faire un grand bien à son âme qui a été toute retrempée et abondamment bénie. Il s'est mis alors à prier et à parler, d'abord d'une voix pleine, puis à demi-voix, et ses paroles avaient un cachet remarquable d'élévation et de puissance. Il serait à regretter que ce témoignage plein de simplicité et de beauté rendu par notre frère mourant fût perdu. Heureusement qu'il m'a été possible d'en recueillir quelques fragments, au moment même où sa voix vibrante de l'accent du triomphe prononçait cette prière, pendant laquelle il semblait voir face à face le Seigneur. Bien que ces paroles perdent une partie de leur prix à être séparées des circonstances solennelles où elles furent prononcées et à être privées de cet accent plein d'émotion et de foi qui les accompagnait, je les cite ici, persuadé qu'elles feront du bien à d'autres, après nous en avoir fait à nous-mêmes.

« Jésus ! Jésus ! à toi ! toujours à toi ! Remplis de la même grâce toute ma famille ! Que nos morts, à Loïs et à moi, soient le sceau de grandes grâces accordées à ceux qui restent !... Jésus ! le corps est faible, mais la foi est grande !... Jésus seul sait aimer, et l'amour est la clef qui ouvre tout... O Jésus ! ami de mon âme, tu n'as pas craint de descendre dans le bourbier où mon âme se perdait !... Jésus ! mon Sauveur et mon Dieu !... N'attends pas que je te renie, chef auguste de mon Sauveur !... Jésus, remplis toutes mes pensées, que je ne me distraie pas !... Nous vous bénissons de la maison de l'Eternel, nous vous bénissons, nous vous bénissons!... Levons-nous, frères, levons-nous, Jésus-Christ va paraître!.. J'oublie mes souffrances, ô Jésus, avec toi! Je ne pense plus à rien qu'à toi!... Le ciel est encore plus beau!... Qui dira le bonheur qu'on y ressent!... Peu m'importe, ô Jésus, ce que tu me prépares; être avec toi sera tout mon bonheur!... Comme David, plutôt que de t'oublier, que ma droite s'oublie!... •

« Ecris à la famille Guiton, a-t-il dit ensuite en se tournant vers sa sœur, et dis à ces bons amis qu'ils ne pleurent pas sur moi comme ceux qui sont sans espérance, sans espérance de se revoir... Annonce-leur que je suis toujours plus rempli de la grâce de Dieu, qu'elle déborde dans mon âme et de mon âme! »

Puis il s'est mis à prier pour les amis de Livron réunis en ce moment pour entendre la prédication de son collègue Wood, et il a demandé, avec une ferveur extraordinaire, la conversion de ceux de ses auditeurs de cette localité, qui jusqu'alors ont été sourds aux appels de Dieu.

Un ami de Crest étant entré à ce moment dans la chambre, Paul lui a dit : « Je gravis les échelons de l'échelle mystérieuse... Vous pourrez dire aux amis que vous verrez que vous m'avez trouvé bien heureux. Ce n'est pas pour me vanter, mais pour vanter le nom de mon Sauveur... Jésus, prends soin de cet ami, car je puis tout te demander... Apprenons, cher ami, à nous détacher de plus en plus des choses de

la terre... Jésus veut régner souverainement dans
notre âme. »

Puis il continue : « Christ a vaincu, et par sa victoire il nous a donné le droit de marcher à sa suite
et d'entrer où il est entré... Jésus, viens bientôt !...
Et quand tu voudras que je meure, à bien *partir*
dispose-moi... Non, Seigneur, ce n'est pas mourir
que d'aller vers toi !... Jésus, je veux aller à toi ce
soir !... Jésus, bénis ma chère mère, soutiens-la,
fortifie-la... Jésus, bénis ma chère sœur, soutiens-la,
fortifie-la... Jésus, bénis le cher Wesley, le cher Matthieu, soutiens-les dans la perte qu'ils vont faire...
Jésus, qu'il n'y en ait pas un seul de perdu ! Jésus !
Jésus ! Jésus ! Seigneur, soutiens-les, bénis-les,
Jésus ! viens bientôt, viens bientôt !... Jésus ! sois
ma seule pensée... Vers Jésus élevons les yeux !...
Nous serons toujours avec le Seigneur ; c'est pourquoi consolez-vous les uns les autres par ces paroles !... Jésus ! Jésus ! ami de mon âme, veille sur ton
agneau !

— Est-ce qu'il te semble que tu vas nous quitter ?
lui dit alors l'un de ses frères.

— Je ne puis rien en dire, de peur de l'offenser,
répondit-il. Il me tarde de déloger, mais je veux la
volonté du Seigneur... Jésus, ton serviteur est fati-
gué ! donne-lui du repos !

— Ma face ira devant toi et te donnera du repos !
lui dit son frère

— Ces paroles sont certaines et véritables, pour-
suivit-il. Les cieux et la terre passeront, mais mes

paroles ne passeront point!... L'âme voudrait déloger, mais le corps est encore fort!...

— Je suis la résurrection et la vie, dit encore l'un
de nous.

— Pas de doute! reprit-il; ce n'est pas la mort
que je désire, mais la vie! Je ne veux pas être dé-
pouillé, mais revêtu...Jésus, rends-moi reconnaissant! Je ne souffre pas; que tu es bon!... Tu m'ap-
pelles peut-être à passer quelques jours sur la
terre... J'aimerais tant m'en aller, maintenant que
je suis si bien... Viens, Jésus, viens! je suis prêt!...
Ton serviteur t'attend! Viens, Jésus, viens! Personne des miens ne se plaindra; ils se réjoui-
ront tous!... Viens, Jésus, viens!... Entre, bien-
aimé, pourquoi te tiens-tu à la porte?... Ne suis-je
pas à toi?... O Jésus! que je te voie!... Ils ne pleu-
reront pas de ce que je serai allé vers toi, car ils
seront consolés... Jésus, Jésus, oh! que je te voie!...

Oh! quand viendra cette heure que j'attends
Où de Sion je franchirai les portes,
Où des élus les heureuses cohortes
Me recevront en leurs glorieux rangs!

Rien, ô Jésus, que ta grâce.
Rien que ton sang précieux,
Qui seul mes péchés efface,
Ne me rend saint, juste, heureux!
Ne me dites autre chose
Sinon qu'il est mon Sauveur.
L'auteur, la source, la cause
De mon éternel bonheur!

Il s'est alors arrêté, à bout de forces, et sa respiration est devenue haletante, puis il a repris à demi-voix : « De ce monde de misères, je n'en veux plus !... O Jésus ! si tu venais aujourd'hui !... Mais tu veux que j'accomplisse ici une œuvre de patience !... Il paraît que l'heure n'est pas encore venue de monter à toi, Jésus, mon Ami... Jésus, mon âme soupire ardemment... »

Il s'est de nouveau arrêté, vaincu par sa faiblesse, et s'est même assoupi un moment. Puis, ouvrant les yeux, il les a levés vers le ciel pendant quelque temps, dans une complète immobilité.

— Que fais-tu ? lui a-t-on demandé.

— Je regarde en haut.

— Crois-tu que le Maître va venir ?

— Je ne sais, mais je voudrais qu'il vînt.

Sa figure avait une expression angélique ; on eût dit qu'il contemplait de près les réalités célestes. Son pauvre corps était épuisé à la suite de ces éjaculations de l'âme, et il tomba bientôt dans une prostration physique alarmante ; il nous semblait que cette espèce de ravissement auquel nous avions assisté était comme un suprême adieu à la vie. Mais il ne devait pas en être ainsi. Le Seigneur voulait appeler notre bien-aimé, comme il l'avait dit, à « accomplir ici-bas une œuvre de patience. » Il s'endormit peu après, et la nuit fut bonne.

20 *février*. — Paul a eu une bonne journée. Son collègue Wood est venu le voir et a eu quelques moments d'entretien avec lui. Cette conversation a

été très-touchante. M. Wood avait cité le passage de saint Paul : « La couronne de justice m'est réservée ! » et, dans la prière par laquelle il a terminé cette entrevue, notre cher malade a dit : « Seigneur, une couronne de vie est tout ce que je demande ; pas une couronne de justice ni de gloire : je ne les mérite pas ! » Leurs adieux ont été émouvants. Wood était tout en larmes. Paul lui a donné des encouragements et des conseils qu'il n'oubliera jamais.

Paul a exprimé bien des fois le désir de mourir bientôt. Il me disait pourtant ce matin : « Si le Seigneur me donnait à choisir entre le départ (il ne dit jamais la mort) et une longue vie d'activité avec les forces nécessaires pour le glorifier, peut-être consentirais-je à rester pour être utile. »

Ce soir, il a eu de nouveau la visite de son bon ami M. Bérard, et, en lui faisant part de ses expériences de la journée, il lui a dit, entre autres choses : « J'ai demandé à voir Jésus cette après-midi, et je n'ai pu le voir qu'environné de la multitude et disant : Laissez venir à moi les petits enfants. »

Puis, il a prié : « Jésus, donne-moi de bien t'aimer, de t'aimer de tout mon cœur ! Que ma pensée tourne autour de toi, qu'elle se perde en toi, qu'elle n'ait d'objet que toi ! Que je t'aime de toute ma force ! Je n'ai pas beaucoup de force, mais si peu que j'en aie, Satan saurait s'en servir pour me perdre. » Puis il a invité toutes les personnes présentes à prier avec lui.

— Jésus est un bon ami, lui a dit M. Bérard en l'embrassant au moment de le quitter.

— Oui, a répondu Paul, il est bien bon, et il apparaît aussi quelquefois ici-bas sous la figure de bien bons amis.

Paul nous a dit ensuite que, pendant que nous priions avec lui, Satan a essayé de le tenter et de le distraire. « Mais je demande à Jésus, ajouta-t-il, de le chasser impitoyablement. Oh! qu'il me tarde d'être à l'abri; ici je ne suis pas dans ma patrie; je ne suis plus d'ici-bas. »

21 *février.* — Paul a eu le courage d'adresser quelques paroles bien sérieuses à son médecin, qui est incrédule : « Je demande à Dieu, lui a-t-il dit, que vous soyez heureux sur votre lit de mort comme je le suis. Cher Monsieur, si vous saviez combien je suis heureux, vous aussi vous iriez demander à Jésus sa paix. » Le docteur a paru ému; puis il lui a dit en souriant : « Quand vous serez là-haut, prierez-vous pour moi? » Paul lui a répondu : « Je ne sais pas si le Seigneur me le permettra, mais je prie pour vous maintenant. » Le médecin lui ayant dit que même au point où il était parvenu, on a vu des malades revenir à la vie, Paul s'est mis à pleurer, tellement la perspective de la vie lui semblait peu désirable. Le médecin paraissait confondu de voir ce jeune homme de vingt-deux ans pleurer à la pensée qu'il pourrait encore vivre et guérir.

Il a eu aussi la visite de son collègue M. Galland, avec lequel il s'est entretenu de ses espérances chrétiennes et des progrès de l'œuvre de Dieu. Il lui a parlé de Saillans, l'une des localités qu'il visitait lorsqu'il avait la santé : « O Saillans! s'est-il écrié, combien j'aimais à aller à Saillans! il y a là une grande œuvre à faire, il y a là beaucoup d'âmes à sauver. Dites aux amis T... de se détacher des affections du présent siècle et d'être bien fidèles au Seigneur. »

Puis, il s'est mis, selon son habitude, à prier à demi-voix : « Jésus, Jésus! viens bientôt!... Que tu es bon, Seigneur!... Jésus est mon ami suprême! oh! quel amour!... » Puis il a dit : « Eternité! éternité! que tu es belle avec Jésus! mais sans Jésus, oh! que tu es terrible! que tu es affreuse!

Au moment de se séparer de son collègue, il lui a dit : « Cher frère, que Dieu vous donne beaucoup d'âmes pour salaire! Mais moi! moi! combien peu j'en ai amené au Seigneur! » A cette pensée il a fondu en larmes. « Dites aux amis de Die, a-t-il ajouté, que je suis là, ne sachant ni le moment ni l'heure où mon Sauveur m'appellera, mais par sa grâce, je suis prêt... »

22 *février*. — Paul soupire toujours après le moment du départ. Il a eu une belle heure ce matin; j'étais seul avec lui. Il a dit entre autres choses : « Il viendra sur les nuées du ciel, et tout œil le verra? Nuées de l'Eternel, quand m'apporterez-vous mon Maître? » Je lui ai lu des passages de l'Ecriture, puis il a cherché un cantique se rapportant au ciel, et il a essayé de le chanter. Lorsque la famille a été réunie, il nous a demandé de lui chanter le cantique de l'Agneau de M. Bost, et pendant que nous chantions, il versait d'abondantes larmes.

VI

A la suite de la période de grandes émotions que je viens de faire connaître, Paul passa par une période d'amélioration relative. Il fut préservé, pendant quelque temps, de ces crises douloureuses de suffocation qui nous effrayaient tant. L'appétit lui revint, et son visage reprit un peu son expression naturelle. Ces symptômes, sans nous faire illusion, nous permettaient d'espérer quelque répit dans les progrès de la maladie. Paul continuait à édifier tous ceux qui venaient le visiter, et, pendant ces longues semaines, sa chambre fut ouverte à un grand nombre de personnes, qui sollicitaient le privilége d'entendre quelques paroles de la part de ce mourant qui quittait la terre avec tant de joie ; ce n'étaient pas les membres seuls de son petit troupeau qui venaient écouter, auprès du lit de leur pasteur, cette Parole divine qu'il ne pouvait plus leur porter lui-même ; mais des personnes avec lesquelles il n'avait jamais entretenu de relations demandaient à le voir. Son lit était une chaire d'où il prêchait avec une puissance et une efficacité qu'il n'eut probablement jamais à un pareil degré pendant les jours de la santé. Les exhortations qu'il adressait à ceux qui venaient le voir étaient touchantes de ferveur et d'onction. On admirait le serviteur de Christ rendant témoignage ainsi jusqu'à la fin, et ajoutant à la prédication de la parole celle de l'exemple. Toutes les classes de la population suivaient avec un intérêt sympathique l'état de notre frère, et chaque jour nous apportait de nouvelles preuves de cette sympathie qu'il avait su se concilier par son caractère et sa piété.

Cet arrêt momentané du mal rendait à Paul son courage habituel. Il s'intéressait à tout et à tous et retrouvait par moments son entrain et sa gaieté, au point de nous faire presque illusion sur son état. Le 27 février, voulant me faciliter un retour de quelques jours au milieu de ma famille, il dicta, pour rappeler son frère aîné auprès de lui, une lettre où je retrouve cet entrain et cette douce gaieté dont je viens de parler. Après avoir décrit les symptômes divers de son état, il ajoute : « Si cela peut te faire plaisir, je te dirai que j'ai pris un goût subit pour les petits oiseaux ; je fais un peu comme Isaac, je mange de la venaison. Malheureusement la chasse n'est pas libre comme de son temps, et je n'ai pas d'Esaü. Enfin, c'est peut-être un signe que, comme le bon vieux patriarche, je vais bientôt être retiré vers mes pères. Cher frère, le corps n'écrase pas l'âme ; la nourriture dont le premier a encore besoin n'est pas la seule que je prenne ; je prends constamment l'eau vive qui désaltère et le pain du ciel qui rassasie, et parfois j'ai d'abondants repas. La grâce de Dieu se manifeste à moi d'une manière extraordinaire; ce soir encore, le Seigneur m'a beaucoup béni; il m'a donné de m'appuyer sur lui et de sentir que mon attente n'était pas vaine. Je suis à lui pour la vie et l'éternité. »

Le 2 mars, Paul me dictait la lettre suivante qui mérite d'être conservée :

A mes jeunes collègues dans le ministère
et à nos chers étudiants de Lausanne.

« Chers amis et frères dans le Seigneur,

« Je suis reconnaissant envers mon Dieu de ce qu'il a prolongé ma vie et par cela même de ce qu'il me permet de vous laisser quelques mots d'encouragement.

« Chers compagnons de travail, nous sommes à peu près du même âge; nous nous destinions aux mêmes travaux; nous espérions un jour nous serrer la main dans des assemblées qui nous auraient réunis; et voici que, quoique du même âge, nous ne pourrons pas réaliser ces désirs. Vous êtes en santé, et moi je m'en vais. Eh bien! chers amis, laissez-moi vous dire combien je vous aime au nom du Seigneur. Je vous aime non-seulement parce que je vous connais, mais surtout parce que vous avez quitté tout pour suivre le Maître. Oui, je vous aime, parce que vous voulez sauver des âmes; et parce

que je vous aime, je veux vous donner quelques
conseils, quelques encouragements.

« Le Seigneur m'a permis de travailler quelques
heures dans sa vigne ; il m'a amené par des expériences variées à la conviction que, pour pouvoir
bien prêcher, pour pouvoir sauver des âmes, il faut
que le prédicateur soit intimement attaché à Jésus
et embrasé par les vérités qu'il annonce. Oh ! que
cette vérité que j'ai apprise difficilement vous serve
durant votre ministère ! Chers amis, ne négligez pas,
si vous voulez que votre prédication soit bénie, votre
propre piété. Vous serez heureux, et vos auditoires
eux-mêmes s'apercevront que ce n'est pas vous qui
parlez, mais que Christ habite en vous et parle par
vous.

« J'ai aussi, durant mes derniers jours de maladie,
appris de nouvelles choses, choses anciennes, il est
vrai, mais souvent mises de côté. Le Seigneur m'a
montré combien on peut facilement obtenir l'effet
de ses promesses les plus glorieuses. Il m'a donné
par sa grâce de me sacrifier, et tout avec moi, sur
son autel, et j'ai senti alors tout ce qu'il peut donner
de joie, de paix, d'amour à une âme purifiée et lavée
dans son sang. Bien chers frères, n'attendez pas
votre dernière heure pour tout sacrifier au Seigneur ;
consacrez-vous tout entiers à lui dès maintenant ;
revêtez-vous de l'armure complète ; vous réjouirez
le cœur de Jésus ; vous amènerez un plus grand
nombre d'âmes au salut, et vous-mêmes vous serez
plus forts pour le combat de la vie ; les traits du

dehors s'émousseront; vous pourrez aimer vos ennemis, bénir ceux qui vous maudissent et vous écrier
avec saint Paul : « Grâces à Dieu qui nous donne
« *toujours* la victoire par Jésus-Christ notre Sei-
« gneur ! »

« Amis, je m'arrête, je ne vous dis pas adieu; je
vous dis : Au revoir! Au revoir, là-haut, quand le
Maître vous aura dit : C'est assez! Au revoir dans la
gloire! C'est là notre rendez-vous, celui que je vous
donne, moi votre ami qui aurais été heureux de partager vos travaux, mais qui suis plus heureux encore
de déloger pour être avec Christ.

« A vous dans le Seigneur,

« PAUL LELIÈVRE.

« Crest, le 2 mars 1866. »

Le cours de la maladie, qui avait paru se ralentir
pendant quelques jours, reprit bientôt avec une in-
tensité nouvelle. La première quinzaine de mars vit
les symptômes les plus graves se multiplier; une
fièvre lente dévorait notre cher malade; des spasmes
nerveux lui occasionnaient de vives douleurs dans la
région des poumons, et par contre-coup dans le cerveau; la respiration devenait plus haletante et plus
difficile. Les souffrances le tenaient souvent dans une
sorte de prostration générale qui, sans nuire à sa foi,
l'empêchait de se manifester au dehors comme précédemment. Il lui arrivait quelquefois de pleurer à
chaudes larmes, en appelant son Seigneur qui lui semblait tarder à venir.

Sa paix était néanmoins à l'abri des atteintes de la maladie. Son frère aîné, qui se trouvait près de lui à ce moment, écrit le 3 mars : « Il me fait lire et prier avec lui plusieurs fois par jour. Il a aujourd'hui un peu de répit ; ses idées sont même lumineuses ; il m'entretient de la conférence prochaine et des stationnements probables. Il est exempt tant de crainte que d'impatience. Son âme est en pleine paix, bien qu'éprouvée de diverses façons. Il me raconte que, depuis le commencement de sa maladie, il lui semble qu'il y en a deux en lui qui souffrent. » Jésus continue, d'ailleurs, à être son refuge ; c'est lui qu'il appelle sans cesse ; c'est avec lui qu'il s'entretient. « O Jésus ! s'écrie-t-il, ce n'est pas en vain qu'on prononce ton nom ! » Sa vie continue à être une vie de foi. « Pour moi, dit-il, je sens que ma vie tout entière peut se résumer en ces mots : Un pécheur sauvé par grâce par la foi. »

Cette vie de foi est pour lui un témoignage à rendre à son Maître, et il ne manque pas une occasion de le faire devant tous. Un jour, c'est devant son médecin, qu'il prend à partie et qu'il conjure de s'occuper de son âme ; s'il ne réussit pas à le convaincre, il gagne au moins son estime et son respect, à tel point qu'une fois celui-ci l'embrasse en disant : « Il y a longtemps que j'avais envie d'embrasser ce noble front ; il a fallu que je me passasse cette envie. » Un autre jour, c'est devant les pasteurs Ducros et Cassignard, venus pour le voir, qu'il témoigne de son inébranlable confiance au Sauveur, tout en se plaignant de faire si peu pour lui. «Vous vous trompez, mon cher Paul, lui dit l'un de ces frères, votre ministère continue; vous prêchez encore sur votre lit de mort, puisque vous apprenez aux autres à bien mourir. » C'est tous les jours enfin, devant tous ceux qui entrent dans sa chambre, qu'il rend témoignage à son Maître par son bonheur et sa sérénité, alors même qu'il ne peut plus parler longtemps.

Le 14 mars, mon frère Wesley écrit : « Ce soir, nous avons craint de perdre Paul. Vers quatre heures, il a commencé à éprouver des émotions qui semblaient présager sa fin. Durant ces manifestations, il était tout le temps en prières, tantôt à haute voix, tantôt à demi-voix, répandant des larmes et répétant des paroles de la Bible. Puis il disait : « Nous passe« rons bientôt de l'autre bord. Sera-ce aujourd'hui? « Je l'aimerais, je le voudrais; mais je ne le sais pas. »

Le 15 mars, j'étais rappelé par un télégramme auprès de Paul, qui croyait sa fin prochaine et désirait m'avoir près de lui. Je le trouvai bien affaibli et bien amaigri quant au corps, mais dans un état d'âme bien réjouissant. Entre deux crises de suffocation qui menaçaient de l'emporter, il retrouvait toute sa lucidité d'esprit. « Cette après-midi, écrivai-je le lendemain, il s'entretenait avec nous des changements de pasteurs qui pourront survenir lors de notre prochaine conférence, et en particulier du successeur probable qu'on lui donnera. Il parlait avec entrain, et par moments avec la douce gaieté qui lui est naturelle. Un moment, nous lui avons dit qu'il se pourrait bien que le poste de Crest dût demeurer vacant, faute de pasteur disponible. Cette supposition a fait passer un nuage sur sa figure, et il nous a dit en pleurant : « Oh ! si je savais que cela « dût être, je crois que, quelque désir que j'aie de par- « tir, je demanderais à Dieu de me rendre la santé. »

Le samedi, lendemain de ce jour, une nouvelle alerte se produit dans la soirée. Une crise violente se déclare qui nous fait craindre que tout ne finisse bientôt. Lui-même semble croire qu'il n'a plus que quelques instants à vivre. Dans les intervalles qui séparent deux accès de suffocation, nous l'entendons s'écrier : « Couronne de lauriers !... couronne de lauriers !... Peut-être Jésus viendra me chercher ce soir ; qu'il serait doux d'aller passer le dimanche au ciel ! » A un moment où il semblait ne pas pouvoir parler, tant l'oppression était grande, il fit un effort pour nous dire de donner une Bible de sa part au médecin, après sa mort, en ayant soin d'indiquer sur la couverture que c'était en souvenir de lui. Un peu plus tard, il nous raconta qu'en fermant les yeux dans la journée, il avait cru voir une couronne, et de chaque côté deux mains qui la tenaient et sem- blaient vouloir l'emporter. Deux de ces mains étaient hideuses ; les deux autres, au contraire, semblaient appartenir à un roi. La couronne devait rester à l'un des deux personnages invisibles, et ne pouvait pas être partagée. Cela lui rappela cette parole de l'E- criture : « Tiens ferme ce que tu as, afin que per- sonne ne prenne ta couronne. » C'est ainsi que,

même dans ces images qui venaient se former devant
son imagination fatiguée, se retrouvaient les préoccupations habituelles de ses pensées; et sans doute.
que Dieu se servait lui-même, comme nous le vîmes
souvent, de ces sortes de manifestations pour fortifier la foi de son enfant.

Ce même jour, en proie à une fièvre intense, il fut
dans un état d'affaissement complet, et put à peine
échanger quelques paroles avec ses collègues Wood
et Galland qui vinrent le visiter. Il dit cependant à
ce dernier qui se rendait à Livron : « Saluez les amis
de ma part, et dites-leur que je monte l'échelle et
que je suis bientôt au dernier degré, mais que les
anges de Dieu montent et descendent pour me fortifier. »

Vers le soir pourtant, il retrouva un peu d'énergie, et voulut dicter à son frère deux lettres adres-
sées à deux amies qui lui avaient témoigné de l'affection pendant son court ministère à Congénies. On
verra par ces lettres combien ce cœur était ouvert à
l'affection, et quelle reconnaissance il conservait à
ceux qui lui avaient fait du bien. Si l'on se rappelle
que ces lettres furent dictées un jour de grand affaiblissement, on les trouvera bien belles.

A Madame Lousthau, à Calvisson.

(Écrite par J.-W. Lelièvre, sous la dictée de son frère Paul,
qui l'a signée, — tout ce qu'il peut faire).

« Crest, 19 mars 1866.

« Chère amie,

« Je veux vous dire deux mots avant de quitter cette terre. Je viens tout d'abord vous dire que je m'en vais bien heureux, que je ne regrette rien ici-bas, que ma paix est parfaite et que mon espérance est solide.

« Je vous remercierai ensuite de l'intérêt que vous me témoignez. J'ai reçu par mon frère Matthieu vos paroles d'amitié. Chère Madame Lousthau, que de fois j'ai pensé à vous ces derniers temps, à votre bonté, à vos soins comparables à ceux d'une mère ! Je veux vous en remercier. Un pauvre malade comme moi est heureux de trouver sur sa route, au milieu de ses ennuis et de ses fatigues, une amie comme vous, prête à tout faire pour le soulager. Merci, Madame Lousthau, et à bientôt dans le ciel !

« Heureuse l'âme chrétienne qui sait ajouter à la foi de bonnes œuvres !

« Présentez, chère amie, mes salutations à tous nos amis de Calvisson, à nos amis Clauzel en particulier.

« Au revoir encore une fois !

« Votre affectionné ami et frère en Christ,

« PAUL LELIÈVRE. »

Aux amis Fize, de Sommières.

(Même suscription que plus haut).

« Crest, 19 mars 1866.

« Chers amis,

« Quoique sur le point, semble-t-il, de passer dans l'éternité, quoique faible et épuisé par les signes avant-coureurs de la mort, je ne veux pas laisser s'exhaler mon dernier souffle sans vous laisser quelques mots d'adieu et d'amitié. Ma lettre sera courte, comme vous pouvez le penser, et cependant je veux vous écrire quelques lignes.

« Je vous remercie de l'intérêt et de la sympathie que votre dernière lettre renfermait. Vous demandez comment je vais; je n'ai qu'une réponse : Je vais au ciel tout doucement. Mon corps est à peu près détruit; mais mon âme se fortifie tous les jours. Je suis bien heureux. J'aurais bien aimé, si telle avait été la volonté de Dieu, vous voir encore une fois, vous et les amis de Sommières. Je vous aurais exprimé ma reconnaissance pour tous les soins, pour l'accueil si amical que j'ai reçus sous votre toit. Non, chère Madame Fize, je ne les ai pas oubliées, vos bontés à mon égard et votre sollicitude. Ah! si je vous avais vue, j'aurais essayé de vous en remercier. Mais la volonté de Dieu a été de me ployer d'un seul coup, sans, pour ainsi dire, m'avertir que tout allait

être bientôt fini. Oui, Dieu n'a pas permis que je
revinsse m'asseoir à votre foyer ; mais cela ne m'empêche pas de vous dire de loin ce que je vous aurais
dit de près : Chers amis, merci au nom du Seigneur
pour ce que vous avez fait pour moi !

« Mais je m'arrête. Ma faiblesse me l'ordonne. J'espère que vous êtes tous bien. Je vous serre à tous la
main en vous disant : Au revoir dans le ciel ! Oui,
chers amis, que pas un de vous ne manque à ce
rendez-vous !

« Mes parents affligés vous saluent.

« Saluez de ma part tous les amis de Sommières
que je ne nomme pas, parce qu'il y en a que je voudrais saluer et dont le nom m'échappe. Encore une
fois, au revoir là-haut !

« Votre ami reconnaissant dans le Seigneur,

« PAUL LELIÈVRE. »

Quelques notes extraites de mes lettres nous mè-
neront maintenant jusqu'aux approches de la crise
suprême :

22 mars. — Ce matin, nous avons pu constater
de nos yeux l'amaigrissement de son pauvre corps ;
c'était véritablement effrayant, et nous n'avons pu
que fondre en larmes. Ses bras ne sont plus qu'une
peau tendue sur les os ; on dirait de pauvres et min-
ces morceaux de bois. En se regardant lui-même,
il a été saisi d'une vive émotion et s'est mis à demander ardemment à Dieu de le prendre bientôt à
Lui. Pas de crise d'ailleurs aujourd'hui.

24 *mars*. — Le médecin trouve que, depuis qua-
rante-huit heures, l'état de Paul a fait des progrès
alarmants. Il m'a dit en branlant la tête : « On peut
dire comme l'Ecriture : Les temps approchent ! » Il
paraissait ému ; il s'est approché de Paul, l'a regardé
affectueusement, et lui a dit : « Cher Paul, bon Paul,
heureux Paul ! » puis il est parti. La crise suprême
ne se fera plus longtemps attendre. Et cette perspective, loin de causer à notre frère quelque crainte,
le remplit de joie ; il est habituellement joyeux.

29 *mars*. — Aucune aggravation sensible ne s'est
produite dans l'état de notre malade pendant ces
jours. Je passe à peu près toute ma journée auprès de
lui, lui rendant tous les petits services qu'il réclame
et m'entretenant avec lui, quand son état le permet.
Nous lisons ensemble le récit de la Passion du Sauveur dans les quatre évangiles, et je suis assuré que
cette semaine sainte, ainsi passée avec lui, me laissera de précieux souvenirs. On ne comprend bien
les souffrances et la mort du Sauveur qu'aux heures
de l'épreuve, et nulle part mieux peut-être qu'auprès du lit d'un mourant chrétien.

30 *mars*. — Paul est très-faible et réclame des
soins constants. Il a des oppressions continuelles,
des fièvres fréquentes et surtout un affaiblissement
général. Le pauvre enfant est à bout de forces et de
courage ; il gémit parfois à vous fendre le cœur. Son
Maître tarde à venir, et il l'attend avec une impa-
tiente ardeur. Il brûle de quitter cette terre où il
souffre tant, pour entrer dans sa patrie véritable.

2 avril. — Après deux journées assez bonnes, Paul a eu un jour d'accablement fort grand. Cette après-midi, il a eu d'excellents moments, au point de vue spirituel; il parlait à Dieu tantôt à demi-voix, tantôt à voix basse, et nous voyions ses lèvres s'agiter et murmurer des paroles de prière et d'adoration; ses yeux étaient fermés, et il était évidemment en communion intime avec son Sauveur; et, lorsque ses paupières s'ouvraient, nous lisions dans ses regards toute l'émotion et toute la ferveur qui remplissaient son âme. De temps en temps, un sourire d'ineffable paix venait illuminer son visage et donner à ses traits amaigris et décolorés par la mort une sorte de rayonnement céleste, qui nous faisait comprendre que Dieu parlait à son âme. Les mots qui parvenaient à nos oreilles étaient ceux-ci : « Saint, saint, saint!... Pur, pur!... Purifie-moi toujours, Jésus!... Garde-moi veillant, priant, luttant!... » Il nous a dit ensuite qu'il se sentait aussi heureux dans ces moments-là qu'il pense l'être lorsqu'il sera au ciel. Il a ajouté : « J'ai eu la pensée ces jours derniers que, si le Seigneur tarde à venir, c'est peut-être parce qu'il ne me trouve pas encore assez saint pour son ciel. Je veux avoir souvent de ces heures d'élévation qui me placent si près de Jésus. »

Le 5 avril, je dus quitter Paul pour quelques jours, rappelé que j'étais au sein de mon Eglise par des devoirs urgents. Il y consentit volontiers, et passa une semaine environ privé de ses deux frères, qui s'étaient constamment relayés auprès de lui, depuis

deux mois. Ma sœur m'écrivait le lendemain : « Pauvre ami! il me disait ce matin : « Si je pouvais au
moins dire que ce sera ce mois-ci! » Ce devait être
ce mois-là en effet, et le Seigneur, après avoir exercé
sa patience, allait ne plus tarder à venir. On m'annonçait en même temps chez lui une recrudescence
de joie spirituelle; « ses moments de communion
intime avec Dieu étaient délicieux, » et il jouissait
extrêmement de ce qu'il appelait « son entretien avec
le Seigneur. »

Le 8 avril, quoique très-affaibli physiquement, il
dicta à sa sœur une poésie. Nous la citons ici, non
comme œuvre littéraire, mais comme expression
fidèle des préoccupations de notre Paul mourant.

Qu'ils sont beaux dans leur jeunesse,
Ces forts serviteurs de Dieu,
Qui vont, avec hardiesse,
Prêcher Jésus en tout lieu!
On dirait que leur parole
Est un glaive à deux tranchants,
Qui nous frappe et nous console,
Puis va troubler les méchants.

Qu'ils sont beaux quand, sous l'épreuve,
Parvenus à l'âge mûr,
Ils s'élancent comme un fleuve
D'un mouvement prompt et sûr,
Et qu'ils courent du village
Au hameau le plus voisin,
Le front empreint de courage
Et l'Evangile à la main!

Qu'ils sont beaux quand ils expirent
Après avoir combattu !
Alors leurs âmes soupirent
Après le sein de Jésus.
Et quand, heureux, ils s'envolent,
Laissant le vide après eux,
Les vrais chrétiens se consolent
En disant : Marchons comme eux !

Paul nous avait dit plusieurs fois pendant sa maladie qu'il croyait que le Seigneur lui annoncerait l'approche de sa fin par une manifestation spéciale. Le 12 avril au matin, il obtint cette manifestation de la gloire de Christ qu'il sollicitait depuis longtemps et qu'il attendait, comme un signe de la venue du Maître. Il en conclut que son séjour ici-bas ne se prolongerait plus guère, et fit appeler aussitôt, par un télégramme, l'un de ses frères. Mon frère aîné accourut sur le champ et je ne tardai pas à le suivre. « J'ai trouvé Paul excessivement faible, écrivait-il; son amaigrissement extrême m'a frappé; il n'y a plus que des os sur lesquels la peau est tendue; c'est pis qu'un squelette. Mais il est bien heureux et soupire après son délogement. » Le médecin n'osait plus lui donner que douze heures de vie à la fois. Son extrême faiblesse l'empêchait presque complétement de parler. Une fièvre lente le consumait; il ne tenait plus à la vie que par un fil.

Il continuait néanmoins à édifier tous ceux qui l'approchaient et à prêcher éloquemment par le spectacle de son admirable patience. Bien des âmes furent touchées, et quelques-unes à salut, nous avons lieu de le croire, par cet exemple qui parlait si haut. Ces jours de déclin rapide furent marqués par un incident sur lequel je ne dois pas insister ici, mais que je ne puis taire non plus, parce qu'il apporta d'abondantes joies aux derniers jours de mon frère. L'un des prêtres qui l'avaient visité précédemment et qui avait été si frappé de sa paix et de sa joie, revint plusieurs fois pendant ces jours. Paul pria avec lui, et la vue de la foi de notre cher mourant produisit une impression profonde sur lui, et contribua à le décider à rompre avec une vocation et une Eglise qui n'étaient plus d'accord avec ses convictions. Espérons que cette semence jetée dans une âme par notre frère mourant ne sera pas perdue !

L'assemblée annuelle des pasteurs du district du Midi se réunissait, à partir du 18, dans la ville de Dieulefit, située à quelques heures de Crest. Paul nous pria de nous y rendre, promettant de nous faire appeler, dès que cela lui paraîtrait nécessaire, et nous demandant à nous-mêmes de lui faire part des décisions principales que prendraient ses collègues. Il s'intéressait encore à ces nouvelles que nous ne manquâmes pas de lui adresser. Ne pouvant plus supporter une lecture faite à haute voix, il parcourait lui-même nos lettres du regard. Le jeudi 19, il fait signe à sa sœur de s'approcher de son lit, et lui dit à mots entrecoupés de nous écrire « que Crest ne doit pas être oublié à l'assemblée de district, et qu'il faut lui trouver un remplaçant qui arrive dès qu'il sera *parti* lui-même. » On remarquera combien touchant est cet intérêt qu'il porte jusqu'à la fin à l'œuvre du Seigneur et plus particulièrement au troupeau dont il a été le pasteur. Son état spirituel est toujours aussi serein. « Mon âme est parfaitement calme, dit-il à sa mère, et prête pour l'arrivée du Maître. »

Le vendredi soir, 20 avril, Paul se sentant plus mal fit rappeler ses deux frères. Arrivés à six heures le lendemain matin auprès de lui, nous le trouvâmes à l'extrémité. Il ne pouvait plus prendre qu'un peu d'eau sucrée. Son effrayante maigreur l'empêchait de trouver une place agréable dans son lit, de quelque côté qu'il se tournât. En l'entendant continuellement gémir, nous ne pouvions que soupirer après le moment de la délivrance.

Dans la nuit du samedi au dimanche, il put échanger quelques paroles avec celui de ses frères qui veillait auprès de lui. Mais son état empirait rapidement, et la crise suprême allait commencer. Le dimanche matin, nous remarquâmes, pour la première fois, qu'il n'était plus maître de ses pensées. Constamment assoupi, il se réveillait de quart d'heure en quart d'heure, et disait quelques paroles ou adressait quelque question sur les sujets les plus divers. Ce délire n'avait pourtant rien de pénible ou de violent ; les paroles qu'il prononçait n'avaient rien qui indiquât un esprit angoissé ; ce qui y dominait au contraire, c'était une parfaite sérénité.

Chose remarquable ! pendant toute cette journée,

notre bien-aimé Paul retrouvait sa lucidité toutes les
fois qu'il parlait de son âme. On eût dit que son intelligence, voilée lorsqu'il s'agissait des choses ter-
restres, reprenait pleine possession d'elle-même,
lorsqu'elle s'occupait des réalités invisibles.

Après un assoupissement, il dit :

— Je suis heureux! je l'ai dit à cet étranger qui
était là.

— Mais il n'y a personne, lui dit quelqu'un.

— Dans ce cas, répondit-il, prenez-le pour vous ;
je suis heureux !

Un peu plus tard, il reprit :

— Eh bien ! mes enfants, je suis tout prêt à partir
pour le royaume éternel. Je n'attends plus que l'appel de Jésus. Tardera-t-il? Je ne sais pas.

Il regarda sa mère qui était assise près de son lit,
et, lui tendant la main, il lui demanda :

— Qu'as-tu à me dire, chère maman ?

— Je me réjouis de ce que tu t'en vas vers ton
Sauveur, lui répondit-elle.

— Merci, reprit-il avec un angélique sourire.

Le médecin vint et, après avoir constaté toute la
gravité de la situation de Paul, il parut prendre
congé définitivement de lui.

— N'as-tu pas encore quelque chose à dire au médecin? lui demanda sa mère.

Paul répondit d'un air un peu étonné :

— Qui l'a dit?

Le médecin fit alors remarquer que ses facultés
s'affaiblissaient visiblement, et que c'était là un

symptôme avant-coureur de la mort. Paul, en entendant cette remarque, parut penser que le docteur
trouvait dans son état une confirmation de ses principes matérialistes; et alors, réunissant toutes ses
forces, il se hâta de répondre avec une étrange ani-
mation et une facilité étonnante :

— Pour les choses chrétiennes, je me sens l'intelligence aussi claire que jamais; mais pour les
choses de l'ordre humain, comment veut-on que je
me rappelle tous les détails, dans l'état de désorga-
nisation où je me trouve et tout accablé par le sommeil et par les symptômes qui m'annoncent ma
mort; si vous réveillez un homme en sursaut, plus il
est intelligent et moins il vous comprendra. Pour les
choses d'en haut, je suis aussi intelligent qu'il y a...

— Une semaine? suggéra le médecin.

— Non, deux mois, reprit Paul.

Il ajouta qu'il avait dit au docteur tout ce qu'il
avait à lui dire, et qu'il l'engageait à s'occuper de la
seule chose nécessaire.

Le médecin parut tout surpris d'entendre un mo-
ribond s'exprimer avec tant de force et d'assurance.

Pendant la journée, Paul demanda plusieurs fois
la prière, et la suivit toujours avec une touchante
ferveur.

La nuit vint, et fut la continuation de la journée.
Sa poitrine s'obstruait toujours plus. Il n'était bien
dans aucune position, et à tout moment il fallait le
changer de place. Il fut presque continuellement en
délire, mais ce délire eut toujours un caractère

calme et presque raisonnable. Il parlait de prédications et de lieux de culte, comme s'il eût été au milieu de son activité d'autrefois.

Vers le matin, le délire le quitta, comme si le Seigneur eût voulu qu'il approchât de sa fin dans toute la plénitude de ses facultés. Sentant approcher la mort, il rassembla autour de lui toute sa famille. Il était alors dans un état d'angoisse physique pénible à voir; sa respiration ne s'échappait qu'avec effort de sa poitrine. Après un long accablement, Paul demanda à ses deux frères de prier. Il avait alors toute sa connaissance, et répondait à nos requêtes par des *amen* fervents. Nous l'entendions dire à demi-voix : « Jésus! Jésus! Jésus! mon Ami!... »

— Crois-tu que le Seigneur viendra bientôt? lui demanda son frère aîné.

— Il me semble que j'ai le droit de l'espérer, répondit-il avec joie.

Amaigri et réduit à l'état de squelette, notre bien-aimé avait le corps tout endolori et cherchait vainement une place où il fût à l'aise. Il demanda à Wesley de lui aider à se relever un peu sur son séant. Mon frère se pencha sur lui; Paul lui passa les bras autour du cou, et par un effort il parvint ainsi à se redresser un peu. Mais, à peine dans cette nouvelle position, il s'écria : « Je me meurs! je me meurs! » Dans son agonie, il disait quelques paroles à demi-voix : « Je remets mon esprit entre tes mains!... » Puis, un peu plus tard : « O Jésus, mon Ami!.....

viens me prendre en ton repos!..... O Jésus! c'est
bien toi que je vois, n'est-ce pas?..... Oui, c'est
toi ! »

Bientôt, à la suite d'un silence pendant lequel son
âme était évidemment en lutte, il dit distinctement :
« Satan s'arrange de manière à rendre l'œuvre du
Seigneur lente ; » comme s'il lui eût semblé qu'une
intervention inférieure essayait de retarder le moment de la délivrance. Mais ce nuage se dissipa ;
l'heure de la délivrance était venue. Le mourant se
mit à répéter plusieurs fois, d'une voix entrecoupée
par le râle : « Jésus !..... Jésus !..... JÉSUS, MON
AMI !..... » Ce furent ses dernières paroles, digne
couronnement d'une vie dont l'amitié de Jésus fut
certainement la joie et la force. Ses yeux brillaient
d'un éclat étrange ; sa respiration se ralentissait.
Une ou deux minutes s'écoulaient entre chaque
soupir ; nous les écoutions dans le silence. Tout à
coup les lèvres se contractèrent un peu ; nous entendîmes un dernier soupir, et tout fut fini. L'âme
sanctifiée de notre Paul venait de briser la dernière
attache qui la retint ici-bas et s'en était allée rejoindre notre père et notre Loïs, là où les fatigués
de la terre ont le repos.

C'était le lundi, 23 avril 1866, à sept heures du
matin.

Nous pensons qu'il ne sera pas sans intérêt de
conclure ces pages par quelques détails sur le ser-

vice funèbre. Ce récit est dû à la plume de M. le
pasteur J.-P. Cook.

« En apprenant le décès de notre cher frère Paul
Lelièvre, les membres de l'assemblée de district
réunis alors à Dieulefit se rendirent les uns à Crest,
où notre frère était décédé, les autres, en plus grand
nombre, à Bourdeaux, où il avait exprimé le désir
d'être enterré.

« Nous ne nous rappelons pas avoir assisté à une
inhumation qui ait excité à un plus haut degré l'intérêt et la sympathie des populations. A Crest, avant
le départ du convoi funèbre, un. service a eu lieu
à la maison mortuaire et dans le temple réformé,
sous la présidence de M. le pasteur Eugène Arnaud.
MM. les pasteurs E. Cook et Ph. Hocquard y ont
aussi pris part.

« A Bourdeaux, dès l'arrivée du convoi, toute la
population était sur pied, et la chapelle méthodiste,
si grande qu'elle soit, n'a pu contenir tous ceux qui
désiraient assister au service funèbre. Ce service a
été présidé par M. E. Cook, qui a très-bien expliqué
l'intérêt que l'on portait au défunt, en nous rappe-
lant que M. Paul Lelièvre était un jeune homme à
peine âgé de vingt-trois ans; qu'il était un enfant
du pays; qu'il était fils d'un pasteur fidèle, bien
connu dans le pays, frère de deux pasteurs, dont
l'un avait récemment passé six ans à Bourdeaux, et
qu'il était lui-même engagé dans la noble carrière
du saint ministère; enfin, qu'il était véritablement
chrétien, et que sa profession de christianisme ne

s'était pas démentie une seule fois pendant sa longue et cruelle maladie.

« Après M. Cook, M. Wesley Lelièvre a pris la parole, pour glorifier, a-t-il dit, non pas l'homme, mais la foi qui l'a rendu heureux et utile. Il nous a montré combien la foi de notre frère était simple, ferme et féconde : *simple*, car il disait un jour : « Lorsque je sens que j'ai besoin de quelque chose, je ne doute point que je l'aurai bientôt; car Dieu est si bon! il ne me refuse jamais; » — *ferme*, sans quoi il ne serait pas entré dans le ministère, avec une santé aussi délicate que la sienne; — *féconde* enfin, car il a fait du bien partout où il a passé, et même sur son lit de mort.

« M. Prunier a fait connaître les dernières paroles du défunt : « Jésus, mon Ami! » Ah! s'il pouvait parler ainsi sur son lit de mort, c'est que Jésus lui avait parlé le premier et lui avait dit : « Paul, mon ami! »

« M. Neel a alors établi un intéressant parallèle entre son propre père et le père du défunt : « C'étaient deux amis, tous deux pères de prédicateurs de l'Evangile; tous deux ils ont eu la joie de voir tous leurs enfants convertis. » Puis, il a adressé un sérieux appel aux parents, les encourageant à prier pour leurs enfants, et aux jeunes gens, contemporains de Paul et qui avaient été ses camarades de l'école du dimanche, les suppliant de le rencontrer un jour au ciel.

« Après une prière par M. Muston, pasteur de

l'Eglise réformée, la foule, si nombreuse qu'il a été
impossible d'en former un cortége, s'est rendue au
cimetière, où les frères Hocquard, Gallienne, Matthieu Lelièvre et Bertin ont encore pris la parole,
ainsi que M. Mailhet, pasteur de l'Eglise réformée,
qui a rappelé d'une manière touchante combien il
a aimé le cher défunt, autrefois son élève.

« Les appels adressés à la conscience des nom-
breux auditeurs et spectateurs de cette scène solennelle ont été pressants et clairs. Dieu veuille
qu'ils fructifient pour le salut des âmes[1] ! »

[1] *Evangéliste,* t. XIV (1866), p. 136.

APPENDICE

Je crois être agréable aux amis de notre cher Paul en donnant en appendice quelques-unes de ses poésies religieuses; peut-être compléteront-elles un peu pour eux ces souvenirs si imparfaits. On voudra bien se rappeler qu'il s'agit ici des essais d'un tout jeune homme, et l'on sera indulgent pour quelques négligences de forme, qui me semblent bien compensées d'ailleurs par la sincérité et la vivacité du sentiment chrétien qui perce partout dans ces vers.

J'ajoute à la suite de ces poésies une pièce remarquable de Mademoiselle Emilie Reynaud sur la mort de notre Loïs. Bien que ces vers aient reçu déjà la publicité d'un journal, ils ont leur place marquée dans ce petit livre de souvenirs, et le lecteur ne se plaindra pas de les y trouver.

POÉSIES

A DIEU

Eternel, c'est à toi qu'au printemps de ma vie
    Je consacre mes jours;
C'est pour ton nom sacré, pour ta gloire infinie,
    Que je vivrai toujours.
Le monde m'a vanté les plaisirs et les joies
    Qu'on trouve près de lui;
Mais, Seigneur, permets-moi de marcher dans tes voies,
    De t'avoir pour appui.
Que jamais loin de toi mon cœur ne se retire,
    Même pour un moment,
Mais que toujours du monde il redoute l'empire
    Et le joug accablant;
Que ce soit constamment mon unique prière,
    Mon plus ferme désir,
De consacrer ma vie à mon céleste Père,
    Et pour lui de mourir!

LE VIEUX MARIN ET L'ENFANT

Ballade

A MADAME G. [1]

LE MARIN.

Mon bel enfant, viens, l'Océan t'appelle :
Viens essayer de ses flots inconstants.
L'heure a sonné ! Détachons la nacelle,
Soulève l'ancre et mets la voile aux vents.

N'entends-tu pas la brise matinale
Qui, dans le port où nous sommes encor,
Semble entonner sa joyeuse rafale ?
Enfant, courage ! enfant, prends ton essor !

Pourquoi trembler, de peur de la tempête ?
Ne sais-tu pas qu'il est doux de lutter
Et de sentir tout autour de sa tête
Le flot mugir et les vagues jouter ?

L'ENFANT.

Oui, bon marin, ta voix est attrayante,
Et tes accents parlent fort à mon cœur ;
Mais promets-moi que, durant la tourmente,
Tu seras là pour éloigner la peur.

---

1 Au moment de quitter Nîmes et la vie de collège, pour
aborder les devoirs nouveaux de la vocation qui s'ouvrait
devant lui, Paul écrivit ces vers dans un album. Les circonstances graves où il se trouvait placé, au moment d'entrer dans une vie nouvelle, prêtent un charme particulier à
cette pièce.

Je crains le vent et les luttes cruelles
Des éléments qui combattent entre eux;
Mais près de toi les tempêtes sont belles,
Et tous leurs flots pour moi n'ont rien d'affreux.

L'heure a sonné... Marin, je veux te suivre.
Soulevons l'ancre et prenons notre élan;
La mer m'appelle, et désormais, pour vivre,
Je dois voguer sur le vaste Océan.

ENVOI.

Je suis resté sous votre toit, Madame;
Mais maintenant il me faut le quitter.
J'entends la voix de Dieu qui me réclame;
Je ne dois pas à sa voix résister.

Ayez pour moi toujours une prière;
Pensez à moi, quoique je sois absent.
Rude est le vent, terrible est ma carrière;
Mais en priant on apaise le vent.

Amis, adieu; la nuit étend ses voiles
Et vous invite à goûter le sommeil.
Je serai loin au coucher des étoiles,
Je serai loin à l'heure du réveil.

Amis, adieu; ne versez pas de larmes,
Quoique ce soit le moment du départ,
Car rien ne doit diminuer les charmes
De ce beau soir : ce n'est que Paul qui part.

PRIÈRE MISSIONNAIRE

Eternel, en ce jour, écoute nos requêtes!
Il est vrai qu'elles sont, hélas! bien imparfaites;
    Mais tu ne regardes qu'aux cœurs.
Veuille entendre nos cris et nos soupirs intimes,
Qui sont plus à tes yeux que les accords sublimes
    De mille faux adorateurs.

Assiste tes enfants dans leur noble entreprise :
Ils veulent en tous lieux établir ton Eglise
    Et partout te faire adorer.
Viens donc à leur secours, enseigne-leur sans cesse
Qu'avec toi pour ami, même dans leur faiblesse,
    Ils doivent toujours espérer.

Souvent, en travaillant dans ce champ difficile,
Ils pensent en tremblant que tout est inutile,
    Et leur travail et leur espoir.
Mais lorsque tu les vois les yeux baignés de larmes,
Tu permets qu'aussitôt ils y trouvent des charmes
    Qu'ils n'avaient pas osé prévoir.

Accorde-leur, Seigneur, la force et le courage.
Puisque le temps est court et que grand est l'ouvrage
    Que tu veux les voir accomplir,
Ne leur permets jamais de rester sans rien faire;
Mais apprends-leur plutôt qu'ici-bas, pour te plaire,
    En te priant il faut agir!

LE RÉVEIL

CHANT SACRÉ [1]

Quand, au siècle dernier, on voyait les ténèbres
    S'amonceler à l'horizon,
Et que la mort semblait de ses voiles funèbres.
    Seigneur, obscurcir ta maison,
    Tu choisis, ô Dieu de lumière!
    Quelques soldats forts et vaillants
    Qui relevèrent ta bannière
    Aux regards des indifférents.
    Leur cri fut : Réveillons l'Eglise,
    Réveillons-la de son sommeil;
    Nous voulons prendre pour devise :
    « Le monde a besoin d'un réveil! »

Oui, ce fut là le cri de ces hommes d'élite,
    De ces vieux soldats de la croix,
Et le monde étonné se souleva bien vite
    Pour savoir d'où venaient ces voix.
    Il entendit des cris d'alarmes,
    Des appels, des bruits de combats,
    Et le monde saisit ses armes,
    Et Satan rangea ses soldats.
    Par moments les cris s'apaisèrent,
    Le réveil semblait compromis;
    Mais les chrétiens se relevèrent
    En face de leurs ennemis.

[1] Composé pour une réunion en plein air, tenue le 23 juin 1864, dans le jardin du pensionnat évangélique de la rue de Sauve, à Nîmes.

7*

L'Eglise dut livrer de terribles batailles
    A l'adversaire menaçant;
Elle dut célébrer souvent les funérailles
    De guerriers tombés en luttant.
    Mais si parfois sur ses défaites
    On la vit répandre des pleurs,
    Elle put dans des jours de fêtes
    Embrasser ses enfants vainqueurs.
    Le Réveil obtint la victoire,
    Et l'Eglise en sécurité
    Put arborer, couvert de gloire,
    L'étendard de la vérité.

Eternel, ils sont morts, ces hommes de courage
    Qui suivirent ton étendard;
Mais tout n'est pas fini de cet immense ouvrage :
    Ils n'ont achevé que leur part.
    Notre tâche est encore immense,
    Et le monde veut l'agrandir.
    Nous sentons notre insuffisance,
    Nous craignons de nous endormir.
    Viens donc, Seigneur, Dieu de nos pères,
    Nous enflammer de ton amour,
    Et de tes regards tutélaires
    Accompagne-nous chaque jour.

CHANT DE PAQUES

Pourquoi, chrétiens, pourquoi cette allégresse
Qui sur vos fronts resplendit en ce jour?
Que sont ces chants qui résonnent sans cesse
Et vers les cieux s'élèvent tour à tour?

Que disent vos cantiques
Et vos chants magnifiques?
Ecoutez tous : Christ est ressuscité!
Que son saint nom partout soit exalté!

Il était mort, le Rédempteur du monde,
Il était mort comme un vil malfaiteur;
Mais, dans trois jours, de sa tombe profonde
Il avait dit qu'il sortirait vainqueur.
On vit sa prophétie
A la lettre accomplie,
Et maintenant Christ est ressuscité!
Que son saint nom partout soit exalté!

Ses ennemis croyaient sur le Calvaire
Avoir détruit l'objet de leur tourment.
Triomphe vain et victoire éphémère!
Trois jours après, Jésus était vivant.
D'une telle victoire
Conservons la mémoire,
Et répétons : Christ est ressuscité!
Que son saint nom partout soit exalté!

Tremblez, tremblez, puissances des ténèbres!
Il s'est levé, le Roi de l'univers!
Il a quitté ses vêtements funèbres,
Et de la mort il a brisé les fers.
Redoutez sa vengeance
Et sa toute-puissance!
Tremblez, démons! Christ est ressuscité!
Que son saint nom partout soit exalté!

Ne pleurez pas, femmes compatissantes,
Ne pleurez pas celui que vous suiviez;
Faites cesser vos clameurs déchirantes :
Il n'est plus mort, celui que vous aimiez!

Aux disciples du Maître
Vous le ferez connaître ;
Vous leur direz : Christ est ressuscité !
Que son saint nom partout soit exalté !

Et nous, chrétiens, que son saint nom rassemble,
Unissons-nous pour louer notre Roi ;
Chantons partout, célébrons tous ensemble
Son nom sacré, l'objet de notre foi ;
    Et dans ce jour de fête
    Que chaque voix répète
Ce chant d'amour : Christ est ressuscité !
Que son saint nom partout soit exalté !

CHANT DE NOEL

O Christ ! c'est aujourd'hui pour nous l'anniversaire
Du jour où commença ton exil volontaire
    Au sein de la douleur !
C'est aujourd'hui Noël ! Pour nous, c'est une fête ;
Pour toi, Maître, ce fut la première tempête
    Qui troubla ton bonheur !

Ce fut en ce beau jour que des chœurs angéliques
Dirent à l'univers, dans de nouveaux cantiques,
    Qu'un Sauveur était né ;
Et pour l'homme ce fut un chant de délivrance,
Car ce chant, bon Sauveur, annonçait ta naissance
    Au monde condamné !

Tu vins, mais en venant tu pris la coupe amère
Où grondaient sourdement les flots de la colère

D'un juge courroucé.
Tu pris sur toi, Seigneur, le poids de sa vengeance.
Et ton cœur se nourrit du pain de la souffrance.
Par monceaux entassé.

Toi dont les cieux des cieux redisaient les louanges,
Toi dont le vif éclat faisait pâlir les anges,
Tout brillants de splendeur,
Tu voulus ici-bas habiter en personne,
Et tu ne craignis pas de laisser ta coûronne
Pour sauver le pécheur!

O toi qui répondis à nos cris de détresse
Et qui changeas nos pleurs en accents d'allégresse,
Regarde-nous des cieux,
Et qu'en ce jour heureux nos âmes confiantes
Fassent monter vers toi de leurs notes tremblantes
Les sons mélodieux!

Gloire soit à ton nom! Fils unique du Père,
Sauveur du genre humain, toi qui fus notre frère,
Sois loué dans ce jour!
Et puisque tu nous vois ici, dans ta demeure,
Apprends à tes enfants, apprends-leur en cette heure
A t'aimer à leur tour!

NOEL!

A la fin de l'année, alors que la nature
Frissonne au contact de l'hiver,
Et que les vieux sapins, avec un sourd murmure,
S'agitent et craquent dans l'air:

Quand, au lieu des couleurs que le printemps lui donne,
 Et des beaux épis de l'été,
Quand, au lieu des produits dont la pare l'automne,
 · La terre n'a que pauvreté;
Quand tout fléchit et meurt, sous l'haleine cruelle
 D'un vent rapide et desséchant,
Et que l'onde qui va sa course habituelle
 Semble se geler en marchant;
Quand le regard en vain cherche dans la campagne
 Quelque petit coin épargné,
Et que, dans les vallons comme sur la montagne,
 Au froid tout paraît résigné,
Comme un bouton de rose au milieu des épines,
 Comme une oasis au désert,
Comme un château debout au milieu des ruines,
 Alors Noël nous est offert.

Noël!... De bon matin. notre petit village
 A l'air de vouloir s'éveiller.
Le fidèle sonneur quitte, selon l'usage,
 Au point du jour son oreiller;
Il s'habille avec soin et doucement fredonne
 Un cantique du temps passé;
Puis il court au clocher, et des deux mains il sonne,
 Malgré le vent vif et glacé;
Il sonne, et pour ce jour s'efforce de produire
 De nouveaux et gais carillons,
Tandis que le soleil commence à s'introduire
 Dans l'asile où nous sommeillons.
Mais à peine cet astre a-t-il doré les crêtes
 De nos monts couverts de sapins,
Que chacun est debout en costume de fêtes,
 Prêt à visiter ses voisins.
Et le brave sonneur sonne une fois encore
 De ses bras transis et lassés;

Puis il s'en va chantant, de son accent sonore,
    Ses chants aux rhythmes cadencés.

Noël!... Comme aujourd'hui tout le monde s'agite!
    Dehors, quel mouvement, quel bruit!
On croirait que l'hiver pendant le jour nous quitte
    Pour ne revenir qu'à la nuit.
Au dedans, quels apprêts! D'actives ménagères
    Préparent le régal du jour,
Tandis que les enfants de splendeurs passagères
    Décorent leur humble séjour;
Et bientôt, tout autour d'une table bien mise,
    Afin de prendre son repas,
La famille au complet par rang d'âge est assise:
    Les morts seuls, hélas! n'y sont pas!

. . . .

Noël!... Dans un moment, du sommet des tourelles,
    Trois fois la cloche sonnera,
Et dans le temple saint le troupeau des fidèles
    Avec zèle s'assemblera.
On pourra voir alors l'auditoire en silence
    Ecouter la voix du pasteur,
Puis dans de joyeux chants célébrer la naissance
    De Jésus, notre Rédempteur.

Noël!... Voici le soir où toute la famille
    S'assied au foyer paternel,
Où sous le toit chrétien, près du feu qui petille,
    Se dresse l'arbre de Noël.
Le père, prudemment, l'a, durant la journée,
    Soustrait aux regards curieux;
Mais maintenant aux yeux de la bande étonnée
    Il apparaît tout radieux.

Une rose est fixée à la plus haute branche
  Au moyen d'un ruban doré;
Partout il étincelle, et plus d'un rameau penche
  A force d'être décoré.
Jeunes et vieux sont là, partageant cette fête,
  Animés de fraîches couleurs,
Oubliant le vent froid qui dans les airs tempête,
  Oubliant toutes leurs douleurs.
Ce soir-là, nulle part de tristes perspectives,
  Aucune trace de chagrin,
Car les pauvres aussi deviennent les convives
  De cet universel festin.

Noël!... Oh! chaque fois que tu daignes paraître
  Aux regards de l'humanité,
Qu'il en est parmi nous qui semblent méconnaître,
  Fête sainte, ta majesté!
Qu'il en est de ces cœurs attachés à la terre
  Qui, tout en se réjouissant,
Ignorent que ce jour est un anniversaire,
  Que Noël c'est Jésus naissant!
Mais pour moi qui, depuis ma plus tendre jeunesse,
  Entends parler de mon Sauveur;
Pour moi qui, dans mes jours de joie ou de tristesse,
  Le sens toujours près de mon cœur,
Noël est plus pour moi qu'une fête annuelle :
  Noël est un jour fortuné!
C'est le jour bienheureux où nous vint la nouvelle
  Qu'un Sauveur au monde était né!
Noël, viens chaque année embellir ma demeure
  De tes parfums délicieux!
Viens longtemps! Puis, quand Dieu permettra que je meure,
  J'irai te fêter dans les cieux!

Noël 1865.

PARAPHRASE

(ESAÏE LII, 1.)

O Sion! lève-toi, revêts-toi de courage;
Ceins tes reins, sors enfin de ton profond sommeil,
Car le Seigneur met fin à ton dur esclavage,
Et lui-même a marqué le jour de ton réveil.
    O Jérusalem! ville sainte,
    Qu'aujourd'hui cesse toute plainte
    A l'ombre de tes hautes tours!
    Car le Seigneur, dans sa tendresse
    Toujours fidèle à sa promesse,
    Va t'accorder de meilleurs jours.

O fille de Sion! comme en un jour de fête,
Ceins tes beaux vêtements, prends tes riches joyaux,
De guirlandes de fleurs couronne-toi la tête,
Et fais retentir l'air de cantiques nouveaux.
    O Jérusalem! chaste vierge,
    Le Seigneur frappe de sa verge
    Tes plus terribles ennemis.
    Tu ne seras plus leur esclave,
    Car devant ton Dieu le plus brave
    En un instant tombe soumis.

Tes ennemis ont fui; romps désormais leurs chaines,
Brise-les d'un seul coup, brise-les pour jamais,
Car pour toi vont cesser les ennuis et les peines,
Et tu vas habiter une terre de paix.
    Jérusalem, belle entre mille,
    Tes murs ne seront plus l'asile

Des ennemis de l'Eternel.
Ils ne pourront plus dans l'enceinte
De tes hautes tours, cité sainte,
Blasphémer le Dieu d'Israël.

Le bras de l'Eternel, tardif à la vengeance,
Punit tes ennemis de leur iniquité;
Il te rendra, Sion, ton antique puissance,
Et te délivrera de la captivité.
    Longtemps Dieu permit que l'impie
    S'avançât, l'âme enorgueillie
    De la faiblesse d'Israël;
    Mais l'ennemi, plein d'allégresse
    De voir Israël en détresse,
    Avait compté sans l'Eternel.

Eglise du Seigneur, ainsi, quand sur ta tête
Mille ennemis puissants grondent avec fureur:
Quand contre toi Satan déchaîne la tempête,
Eglise, ne crains rien, Christ est ton défenseur :
    Car, si Dieu permet que le monde
    Avec haine contre toi gronde,
    Ce n'est que pour quelques instants,
    Et bientôt sa main tutélaire
    Renversera dans la poussière
    Tous tes ennemis frémissants.

1860.

A MA SŒUR LOIS

ACROSTICHE

Loin du sentier trompeur où le monde chemine,
Oh! qu'il est doux, Loïs, de suivre l'Eternel!
Illuminés déjà de sa clarté divine,
Sur la terre, en chantant, nous courons vers le ciel.

La joie et le bonheur nous escortent sans cesse,
Et, même alors que tout nous rendrait soucieux,
La main de notre Dieu, toujours plein de tendresse,
Ici-bas nous transforme en habitants des cieux.

Exilés, il est vrai, nous sommes en voyage;
Vers un but éloigné tous les jours nous courons.
Regardons en avant vers le divin rivage,
Et guidés par Jésus bientôt nous y serons.

—·—

LES DERNIERS ACCORDS D'UN MOURANT

Avant que sur ma lèvre un dernier souffle expire,
Laissez-moi ressaisir pour un instant ma lyre
    Et chanter avant de mourir.
Et vous tous, écoutez; penchez-vous sur ma couche,
Afin de recevoir l'hymne qui de ma bouche
    Monte avec mon dernier soupir.

Je m'en irai bientôt, et de mon existence
Se brisera le fil, et la flamme en silence

S'enfuira loin de ces bas lieux,
Et la corde d'argent qui semblait si puissante,
En rompant laissera mon âme triomphante
    Prendre son essor vers les cieux.

Et que restera-t-il de moi? Rien qu'un cadavre
Froid comme un marbre blanc dont la froideur vous navre,
    Sans qu'on puisse le ranimer,
Un cadavre hideux qui, dans un coin de terre,
Finira par s'unir aux amas de poussière
    Que les siècles vont y semer.

Les lieux qui m'ont connu, le lieu qui m'a vu naître,
Après m'avoir charmé, me verront disparaître
    Pour toujours du rang des vivants;
Le temps, ce destructeur qui bientôt nous efface,
Emportera bien loin mon souvenir, ma trace,
    En jetant mes cendres aux vents.

Seule, au bord d'un sentier, sous le saule qui pleure,
Une pierre debout montrera ma demeure
    Au passant rêveur et lassé.
Mon nom, gravé dessus en larges caractères,
Evoquera chez lui des ombres passagères
    Qui lui parleront du passé.

Il se rappellera qu'autrefois, au village,
Il me vit au milieu des enfants de mon âge
    Partager leur contentement.
Alors, se rapprochant du tertre où je repose,
Il le contemplera; puis, cueillant une rose,
    Il s'éloignera lentement.

A LA VIE

FRAGMENT

Hélas! je suis bien jeune, et pourtant ma carrière
Vers son terme avance à grands pas!
Tous mes jours sont comptés! Bientôt, au cimetière,
Mes amis porteront une nouvelle bière,
Qui seule n'en reviendra pas!

Je n'ai pas de vingt ans tissé mon existence,
Je vois devant moi l'avenir!
De vivre j'ai longtemps conservé l'espérance;
Mais la mort ne connait ni pitié ni clémence,
Et me commande de mourir.

Juillet 1862.

———◇———

LA MORT

PENSÉE

C'est un sentier ouvert depuis bien des années
Aux pas des nations,
Où passent lentement, l'une à l'autre enchaînées,
Les générations.
C'est un gouffre béant, bordé de noirs abîmes
D'où l'on ne peut sortir,
Qui n'est jamais lassé d'attendre ses victimes
Et de les engloutir.

———◇———

MORT D'UNE JEUNE CHRÉTIENNE

A LA MÉMOIRE DE LOÏS LELIÈVRE,
DÉCÉDÉE A CODOGNAN
LE 13 DÉCEMBRE 1865, DANS SA VINGT-CINQUIÈME ANNÉE

> Oh ! que les enfants du juste qui marchent
> dans son intégrité seront heureux après lui !
> (PROV. XX, 7.)
> La mort des bien-aimés de l'Eternel est
> précieuse devant ses yeux.
> (Ps. CXVI, 15.)

Envolée !... Au milieu des pensers pleins de charmes
Que ton nom, ô Loïs ! mêle à notre douleur,
Sur ta tombe je veux répandre quelques larmes,
　　Je veux déposer une fleur !

Tu n'es plus dans nos champs ! Le moissonneur suprême
Pour ses greniers divins est venu te cueillir,
Comme un épi fécond qu'il a voulu lui-même
　　En peu de temps faire mûrir.

De bonne heure il t'orna pour la sainte patrie,
Vierge dont le doux front était si sérieux,
Et qui parlais toujours de la cité chérie,
　　Souriante et des pleurs aux yeux !

Car la riche onction dont ton âme était pleine
En accents attendris épanchait son trésor.
Telle on voit déborder quelque liqueur de reine
　　D'une coupe d'albâtre ou d'or.

Que de fois n'ai-je pas de ta piété grave
Respiré le parfum, vu luire le rayon,
Et recueilli ces fruits dont la saveur suave
　　Est un miel pour l'affliction !

Que de fois n'ai-je pas de ton cœur, harpe intime
Où Dieu faisait passer son souffle triomphant,
Ecouté les accords, chant naïf et sublime,
    Voix d'un ange et voix d'un enfant!

Je sentais que bientôt tu quitterais la terre,
Sœur dont l'affection, joyau rare ici-bas,
Enchanta, courts instants! ma maison solitaire
    Et par la mort vidée, hélas!

Toi, tu m'entretenais du rendez-vous qui reste
Dans le bercail d'en haut préparé par Jésus :
Asile où pour jamais, loin d'un monde funeste,
    Il rassemblera ses élus.

Tes regards se fixaient vers ces sphères joyeuses :
Aussi, quand ton Sauveur vint t'appeler soudain,
Tu n'eus qu'à déployer tes ailes radieuses
    Et qu'à t'élancer dans son sein!

Que ton départ fut beau! que, malgré la souffrance
Qui secouait ton corps comme un frêle roseau,
Ton visage éclatait de calme, d'espérance!
    Clartés d'un horizon nouveau.

Ta couche d'agonie était un temple auguste
Où tombaient les reflets du céleste séjour,
Où l'on apercevait la couronne du juste
    Prête à te parer sans retour.

    Il me semble te voir encore
    Contempler l'imposante aurore
    D'un jour glorieux, infini,
    Joindre tes mains pour la louange,
    Et par ton culte sans mélange
    Faire fumer l'encens béni.

Tes yeux agrandis par l'extase,
Ainsi que le cristal d'un vase,
Laissaient transparaître parfois
Ces visions de l'autre rive,
Que, près du fleuve à l'eau plaintive,
Christ montre aux amis de sa croix.

Puis, de ces sommets sans nuage,
Quand jusqu'à notre sombre plage
Tu descendais pour un moment,
C'était pour dire à ta famille :
« Je vais trouver mon père; il brille
« Comme une étoile au firmament! »

Et vers ce firmament dont reluit la parure,
Où chaque esprit d'élite est un astre allumé,
Tu t'enfuis, en laissant la trace vive et pure
　　Des vertus de ton Bien-Aimé.

Pour toi, dans ces hauts lieux, plus de froides ténèbres,
Plus de tête glacée à l'ombre du cercueil,
Plus de lis effeuillés au choc des vents funèbres,
　　Plus de longs vêtements de deuil.

Toujours du Rédempteur la lumière propice,
Toujours les rachetés s'égayant d'être au but,
Toujours le rameau vert, toujours le frais calice,
　　Toujours le manteau du salut!

Tu ne reviendras pas vers les tiens, chère absente,
Mais ils te rejoindront, eux à qui l'Eternel
Montre, pour les ravir, l'image éblouissante
　　De la félicité du ciel.

Oui, pèlerins lassés que le Seigneur appelle,
Bientôt, quittant l'habit usé dans cet exil,

Nous entrerons au port où ta blanche nacelle
   Repose à l'abri du péril.

En attendant, Loïs, puissions-nous tous poursuivre
D'un pas rapide et sûr la course de la foi ;
Comme toi, désormais, oh ! puissions-nous tous vivre,
   Afin de mourir comme toi !

Ta mémoire est bénie ! Et moi, pour qui ses charmes
Seront toujours un baume au sein de la douleur,
Sur ta tombe je veux répandre quelques larmes,
   Je veux déposer une fleur !

ÉMILIE REYNAUD [1].

Vauvert. 1er janvier 1866.

---

[1] Mademoiselle Reynaud, l'auteur des beaux vers que l'on vient de lire, a déjà rejoint auprès de Dieu l'amie dont elle pleurait la perte en des accents si touchants. Elle est morte à Vauvert le 23 février dernier, victime, elle aussi, de l'une de ces redoutables maladies de poitrine qui ont moissonné tant d'existences dans leur fleur. La poésie qui précède a été lue au bord de la tombe de cette amie par le pasteur qui présidait ses funérailles.

TABLE DES MATIÈRES

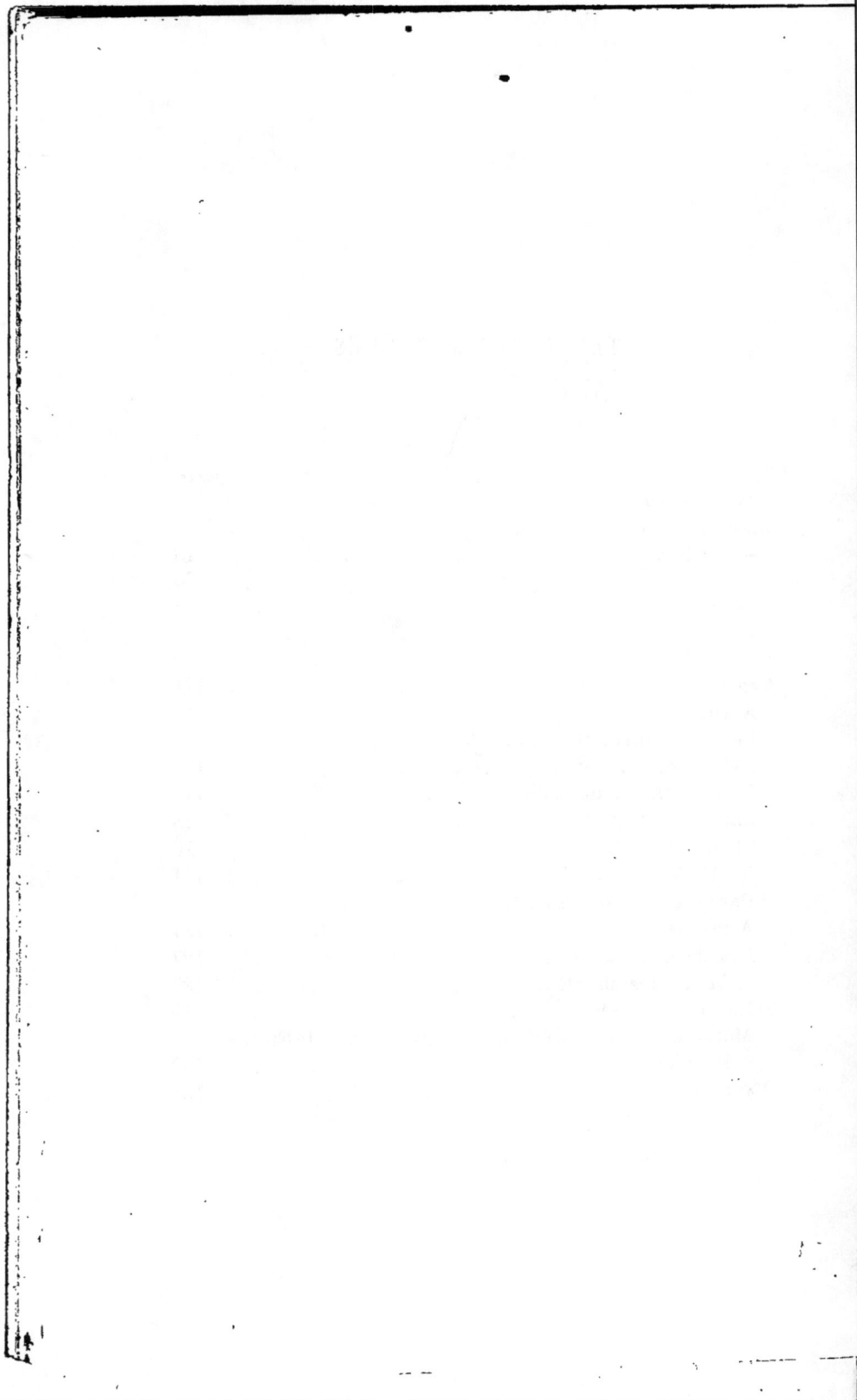

www.ingramcontent.com/pod-product-compliance
Lightning Source LLC
Chambersburg PA
CBHW071804090426
42737CB00012B/1942